全国高等职业院校会计专业教材

税费计算与申报习题册

高保香　主编

中国劳动社会保障出版社

简　介

本习题册与全国高等职业院校会计专业教材《税费计算与申报》配套使用。习题册按照教材项目顺序编排，包括填空题、单项选择题、多项选择题、判断题、简答题和计算分析题等多种题型，供学生课后练习使用。

本习题册由高保香任主编，李金营、王芳、闫桐、汲长彩参加编写。

图书在版编目(CIP)数据

税费计算与申报习题册 / 高保香主编. -- 北京：中国劳动社会保障出版社，2024. --(全国高等职业院校会计专业教材). -- ISBN 978-7-5167-6425-1

Ⅰ. F810.423-44；F812.42-44

中国国家版本馆 CIP 数据核字第 2024DE5916 号

中国劳动社会保障出版社出版发行

（北京市惠新东街 1 号　邮政编码：100029）

*

河北品睿印刷有限公司印刷装订　　新华书店经销

787 毫米×1092 毫米　16 开本　5 印张　114 千字

2024 年 8 月第 1 版　　2024 年 8 月第 1 次印刷

定价：11.00 元

营销中心电话：400-606-6496

出版社网址：http://www.class.com.cn

http://jg.class.com.cn

目录

项目一　认识税收与税法

一、填空题

1. 税收是国家为了满足＿＿＿＿＿＿，凭借＿＿＿＿＿＿参与社会剩余产品分配，强制地、无偿地取得财政收入的一种固定征收形式。

2. 税收具有＿＿＿＿＿＿、＿＿＿＿＿＿和＿＿＿＿＿＿的特征。

3. 我国税收具有＿＿＿＿＿＿、＿＿＿＿＿＿和＿＿＿＿＿＿的职能。

4. 税法是国家制定的，用以调整＿＿＿＿与＿＿＿＿之间在征纳税方面的权利与义务关系的法律规范的总称。

5. 税收法律关系的主体是指在税收法律关系中＿＿＿＿＿＿＿＿＿的人，主要包括＿＿＿＿＿＿和＿＿＿＿＿＿。

6. 税制的构成要素主要包括＿＿＿＿＿＿、＿＿＿＿＿＿、＿＿＿＿＿＿、＿＿＿＿＿＿、＿＿＿＿＿＿、＿＿＿＿＿＿、＿＿＿＿＿＿和＿＿＿＿＿＿等。

7. ＿＿＿＿＿＿是区别一种税与另一种税的重要标志。

8. ＿＿＿＿＿是指对征收对象的征收比例，是衡量税负轻重的重要标志，体现征税的深度，是税收制度的核心。

9. 减免税可以分为＿＿＿＿＿＿、＿＿＿＿＿＿和＿＿＿＿＿＿三种。

10. 按税收管理和使用权限分类，我国税收可以分为＿＿＿＿＿＿、＿＿＿＿＿＿和＿＿＿＿＿＿＿＿。

二、单项选择题

1. 社会再生产过程包括生产、分配、交换、消费四个基本环节，税收从本质上讲属于（　　）的环节。

A. 生产　　B. 分配　　C. 交换　　D. 消费

2. 税收区别于市场监督、交通等行政管理部门为用于社会服务而收取的各种形式规费是指税收的（　　）。

A. 强制性　　B. 社会性　　C. 无偿性　　D. 固定性

3. 下列关于税收作用的表述，不正确的是（　　）。

A. 税收是国家参与社会产品分配的一种特殊形式

B. 体现产业政策，促进结构调整

C. 调节经济总量，保持经济稳定

D. 筹集财政资金，满足公共需要

4. 税收最基本的职能是（　　）。

A. 组织财政收入　　B. 调控经济运行

C. 调节收入分配　　D. 监督经济活动

5. 当经济衰退时，政府应采取（　　）税收政策，以刺激投资和消费。

A. 降低税率　　B. 提高税率

C. 设置新税　　D. 保持税负不变

6. “国家需要重点扶持的高新技术企业所得税适用税率为15%”，这一规定体现的税收优惠政策属于（　　）。

A. 税基式减免　　B. 税率式减免　　C. 税额式减免　　D. 以上均不是

7. （　　）属于流转税。

A. 增值税　　B. 个人所得税　　C. 资源税　　D. 印花税

8. 税收实体法和税收程序法的税法分类标准是（　　）。

A. 按照管理和使用权限　　B. 按照职能和作用

C. 按照征税对象　　D. 按照计税依据

9. 纳税人是指税法规定的直接负有纳税义务的（　　）。

A. 单位　　B. 法人　　C. 单位和个人　　D. 个人

10. 作为征税对象的计量单位和征税标准的是（　　）。

A. 税率　　B. 计税依据　　C. 税目　　D. 纳税期限

11. 直接关系到国家财政收入和纳税人负担水平的税制要素是（　　）。

A. 纳税人　　B. 征税对象　　C. 税率　　D. 纳税环节

12. 目前我国税收法律制度未采用的税率形式是（　　）。

A. 全额累进税率　　B. 超额累进税率　　C. 超率累进税率　　D. 比例税率

13. 下列选项中，属于直接税的是（　　）。

A. 增值税　　B. 个人所得税　　C. 消费税　　D. 关税

14. 衡量纳税人税负轻重与否的重要标志是（　　）。

A. 纳税期限　　B. 减免税　　C. 税率　　D. 纳税环节

15. 一种税区别于另一种税的标志是（　　）。

A. 纳税环节的差别　　B. 征税对象的差别

C. 税率的差别　　D. 纳税人的差别

16. 体现征税广度的是（　　）。

A. 计税依据　　B. 税率　　C. 税目　　D. 税源

17. 根据（　　）的不同，税收可以分为流转税、所得税、财产税、资源税和行为目的税。

A. 计税依据　　B. 税率　　C. 税目　　D. 征税对象

18. （　　）又称税基，是计算税款的依据。

A. 计税依据　　B. 税率　　C. 税目　　D. 税源

19. 下列关于纳税期限的表述，正确的是（　　）。

A. 同一税种的纳税人的纳税期限相同

B. 增值税与企业所得税的纳税期限相同

C. 纳税人的具体纳税期限由主管税务机关核定

D. 不同生产规模的纳税人的纳税期限相同

20. 将税收分为中央税、地方税、中央与地方共享税的划分标准是（　　）。

A. 按税收管理和使用权限划分　　B. 按税收与价格的关系分类

C. 按征税对象的不同划分　　D. 按税负能否转嫁划分

三、多项选择题

1. 税收区别于其他财政收入取得方式的独有特征，即税收的“三性”是指（　　）。

A. 合法性　　B. 固定性　　C. 无偿性　　D. 强制性

2. 中央税是指管理权限归中央，税收收入归中央支配和使用的一类税。下列税种中，属于中央税的有（　　）。

A. 关税　　B. 消费税　　C. 车辆购置税　　D. 增值税

3. 下列关于减免税的表述，正确的有（　　）。

A. 减税是指从应征税额中减征部分税款

B. 免税是指对按规定应征收的税款全部免除

C. 起征点是指对征税对象达到一定数额才开始征税的界限

D. 免征额指对征税对象总额中免予征税的数额

4. 下列选项中，属于纳税义务人的有（　　）。

A. 自然人　　B. 法人　　C. 社会组织　　D. 企事业单位

5. 下列选项中，属于我国现行税收法律制度规定适用的税率形式的有（　　）。

A. 比例税率　　B. 定额税率　　C. 超额累进税率　　D. 超率累进税率

6. 下列关于税法要素的表述，正确的有（　　）。

A. 征税对象是区别不同税种的重要标志

B. 从量计征是以征税对象的重量、体积、数量等为计税依据

C. 税率明确了征税的尺度

D. 达到或者超过起征点后按照超过部分征税

7. 下列关于税收的表述，正确的有（　　）。

A. 税收是政府财政收入的最重要来源

B. 税收是人类社会经济发展到一定历史阶段的产物

C. 没有国家存在也一样会有税收

D. 有了社会剩余产品，才为税收的出现奠定了基础

8. 根据税收法律制度的规定，下列表述正确的有（　　）。

A. 纳税义务人是区分不同税种的重要标志

B. 税目是征税对象的具体化

C. 纳税人是指法律、行政法规规定负有纳税义务的单位和个人

D. 我国的土地增值税采用全额累进税率

9. 根据税收法律制度的规定，下列选项中属于税收法律关系主体的有（　　）。

A. 税务部门　　B. 在我国境内有所得的外国企业

C. 海关部门　　D. 在我国境内有所得的外籍个人

10. 假设某税种的适用税率为10%，甲的应税收入为1 999元，乙的应税收入为2 001元。当起征点为2 000元时，下列关于应纳税额的表述，正确的有（　　）。

A. 甲应纳税额为0元　　B. 乙应纳税额为200.1元

C. 乙应纳税额为200元　　D. 甲应纳税额为199.9元

四、判断题

1. 根据税收固定性的要求，具体税种的征税对象、征收标准等一经确定不得变更。（　　）

2. 税收无偿性的本质是指国家征税后，不以任何形式向具体纳税人支付报酬。（　　）

3. 一般来说，在发生通货膨胀的情况下，国家应该降低税率。（　　）

4. 税收的目的是满足国家实现其职能的需要，而国家是阶级矛盾不可调和的产物，因此，税收的本质是阶级斗争的工具。（　　）

5. 纳税人是税法规定的实际负担税款的单位和个人。（　　）

6. 征税对象的数额未达到起征点的不征税，达到或超过起征点的就其全部数额征税。（　　）

7. 在实行定额税率时，物价上涨，税负会减轻。（　　）

8. 超率累进税率是按征税对象的某种递增比例划分为若干等级，按等级规定相应的递增税率，对每个等级分别计算税额。我国的土地增值税就是采用这种税率。（　　）

9. 我国的税收征收管理机关为税务局，海关只是代征，不属于税收征收管理机关。（　　）

10. 起征点是指征税对象达到一定数额才开始征税的界限，征税对象的数额达到规定数额的，只对其超过部分的数额征税。（　　）

五、简答题

1. 简述税收的特征及其联系。

2. 简述税法的构成要素。

3. 简要说明纳税人、代扣代缴义务人和负税人的区别。

项目二　增值税的计算与申报

一、填空题

1. 我国税法将增值税纳税人按其__________及________________划分为一般纳税人和小规模纳税人。

2. 从2019年4月1日起，一般纳税人适用的增值税税率有________、________、________和________四种。

3. 增值税征税的一般范围包括在我国境内__________或者提供_______、__________或者销售服务、__________、__________以及进口货物。

4. 在我国境外的单位或者个人在境内发生应税行为，在境内未设有经营机构的，_______为增值税扣缴义务人。

5. 纳税人兼营销售货物、劳务、服务、无形资产或者不动产，适用不同税率或者征收率的，应当分别核算适用不同税率或者征收率的销售额；未分别核算的，_____适用税率。

6. 一般纳税人发生财政部和国家税务总局规定的特定应税销售行为，一经选择适用简易计税方法计税，_______个月内不得变更。

7. 小规模纳税人销售货物或者应税劳务，实行简易计税办法，按照_________和规定的_________计算应纳税额，不得抵扣进项税额。

8. 一项销售行为如果既涉及货物又涉及服务，为__________。从事货物的生产、批发或者零售的单位和个体工商户的混合销售行为，按照____________缴纳增值税；其他单位和个体工商户的混合销售行为，按照_______缴纳增值税。

9. 纳税人采取折扣方式销售货物，如果销售额和折扣额在同一张发票上注明，可以按_______的销售额计税；如果将折扣额另开发票或在备注栏注明的，不论其在财务上如何处理，均不得从销售额中减除折扣额。

10. 采取赊销和分期收款方式销售货物，增值税纳税义务发生时间为___________________的当天；无书面合同的或者书面合同没有约定收款日期的，纳税义务发生时间为__________的当天。

二、单项选择题

1. 根据增值税法律制度的规定，下列关于小规模纳税人征税规定的表述，不正确的是（　　）。

A. 实行简易征税办法

B. 一律不允许使用增值税专用发票

C. 不允许抵扣增值税进项税额

D. 年应税销售额 500 万元以下的纳税人划分为小规模纳税人

2. 根据增值税法律制度的规定，下列纳税人中属于增值税一般纳税人的是（　　）。

A. 年销售额为 450 万元的从事货物生产的个体经营者

B. 年销售额为 600 万元的从事货物批发的企业

C. 年销售额为 300 万元的从事货物生产的企业

D. 年销售额为 650 万元的从事货物零售的其他个人

3. 下列关于增值税纳税人的表述，不正确的是（　　）。

A. 年应税销售额在 500 万元（含）以下的企业为小规模纳税人

B. 小规模纳税人会计核算健全，能提供准确税务资料，可申请不作为小规模纳税人

C. 除国家税务总局另有规定外，已登记为小规模纳税人的企业不得再转为一般纳税人

D. 个体工商户以外的其他个人不得申请登记为一般纳税人

4. 增值税在（　　）环节征税。

A. 生产　　B. 销售　　C. 消费　　D. 每一个流通

5. 下列行为中不属于增值税征税范围的是（　　）。

A. 供电局销售电力产品　　B. 饭店提供现场餐饮服务

C. 企业转让土地使用权　　D. 工程项目在境外的建筑服务

6. 下列行为中，属于视同销售货物，应征收增值税的是（　　）。

A. 某商店为服装厂代销女性服装

B. 某批发商将外购的保健品用于集体福利

C. 某企业将外购的材料用于免税产品的生产

D. 某企业将外购的清洁剂用于个人消费

7. 纳税人销售（　　），免征增值税。

A. 农用薄膜　　B. 日用百货　　C. 旧货　　D. 自产农产品

8. 下列单位可以登记成为一般纳税人的是（　　）。

A. 年销售额 200 万元的汽车运输公司

B. 年销售额 85 万元的街头小贩

C. 年销售额 450 万元、有健全财务会计核算制度、能提供准确税务资料的快递公司

D. 今年因出售不动产销售额达 600 万元，但不经常发生应税行为的事业单位

9. 提供有形动产租赁服务的税率为（　　）。

A. 9%　　B. 6%　　C. 0　　D. 13%

10. 某企业为增值税一般纳税人，某日销售产品，取得货款 56 000 元及包装费 4 000 元，均开具普通发票。该笔销售业务产生的增值税销项税额为（　　）元。

A. 9 520　　B. 8 136.75　　C. 6 902.65　　D. 10 200

11. 某食品加工厂为增值税一般纳税人，8 月销售食材包取得不含税销售额 800 万元，

已开具增值税专用发票；本月收取包装物押金 232 万元，没收逾期未退还包装物押金 58 万元。该食品加工厂当期增值税销项税额为（　　）万元。

A. 160　　B. 110.67　　C. 168　　D. 137.28

12. 某酒厂为增值税一般纳税人，3 月向一小规模纳税人销售白酒，开具的普通发票上注明含税金额为 90 400 元；同时收取包装物押金 2 000 元。已知酒厂适用的增值税税率为 13%，酒厂此业务的增值税销项税额是（　　）元。

A. 10 400　　B. 10 630.09　　C. 12 012　　D. 10 660

13. 甲公司为增值税一般纳税人，本月采用以旧换新的方式零售冰箱 50 台，每台冰箱零售价为 2 000 元，同时收到旧冰箱 50 台，每台折价 200 元，实际收到销售款 9 万元。已知甲公司适用的增值税税率为 13%，则甲公司本月销售冰箱的增值税销项税额是（　　）元。

A. 10 353.98　　B. 11 504.42　　C. 11 700　　D. 13 000

14. 甲商场为增值税一般纳税人，适用的增值税税率为 13%。甲商场 10 月出售 A 产品 100 件，收取含税价款 22 600 元；甲商场对单日消费金额达 500 元的顾客，赠送 B 产品 1 件，本月共计赠送 80 件，B 产品的零售价为 56.5 元/件。则甲商场本月的增值税销项税额是（　）元。

A. 3 120　　B. 2 600　　C. 520　　D. 3 187.6

15. 某企业为增值税小规模纳税人。10 月它进口了一批高档化妆品，关税完税价格为 40 万元。已知高档化妆品的关税税率为 20%，消费税税率为 15%，增值税税率为 13%、征收率为 3%。该企业进口化妆品应纳进口增值税税额为（　　）万元。

A. 1.25　　B. 5.43　　C. 1.69　　D. 7.34

16. 某建材商店为增值税小规模纳税人。3 月它销售给某大型建材公司一批建材，收取价款 131 200 元，税务机关代开专用发票；当月货物购进时取得的增值税专用发票上注明税额为 1 000 元。已知增值税税率为 13%，征收率为 3%，则该建材商店当月应纳增值税税额为（　　）元。

A. 15 093.81　　B. 2 821.36　　C. 14 093.81　　D. 3 821.36

17. 某副食品商店为增值税小规模纳税人。8 月该商店销售副食品取得含税销售额 66 950 元，销售自己使用过的固定资产取得含税销售额 17 098 元。该商店当月应纳增值税税额为（　　）元。

A. 2 282　　B. 2 477.88　　C. 2 291.96　　D. 2 448

18. 下列选项中不属于免征增值税的是（　）。

A. 直接用于科学研究、科学实验和教学的进口仪器和设备

B. 金属矿采选产品

C. 外国政府、国际组织无偿援助的进口物资和设备

D. 由残疾人组织直接进口的、供残疾人专用的物品

19. 张某为 A 公司（增值税一般纳税人）的员工，5 月因公出差，乘坐高铁从北京前往上海，取得了注明张某身份信息的铁路车票，其票面金额为 524.30 元。则 A 公司可以

抵扣的进项税额为（　　）元。

A. 48.81　　B. 43.29　　C. 15.27　　D. 0

20. 甲企业是增值税一般纳税人，9月向乙商场销售服装1 000件，每件不含税价格为80元。由于乙商场购买量大，甲企业按原价七折优惠销售，乙商场付款后，甲企业为乙商场开具的发票上分别注明了销售额和折扣额，则甲企业此项业务的销项税额是（　　）元。

A. 7 280　　B. 9 520　　C. 7 724　　D. 12 800

21. 下列选项中属于增值税混合销售行为的是（　　）。

A. 电信公司提供电话安装的同时也销售电话机

B. 建材公司销售建材的同时也提供装饰装修服务

C. 塑钢门窗商店销售产品，并为客户提供加工与安装服务

D. 汽车生产公司既制造销售汽车，同时又提供汽车修理服务

22. 甲公司为增值税一般纳税人，本月将一批新研制的产品赠送给老顾客使用，甲公司并无同类产品销售价格，其他公司也无同类货物。已知该批产品的生产成本为10万元，甲公司的成本利润率为10%，则甲公司本月视同销售的增值税销项税额为（　　）元。

A. 17 000　　B. 18 500　　C. 14 300　　D. 18 888

23. 某生产企业为增值税小规模纳税人，7月对部分资产盘点后进行以下处理：销售边角废料，由税务机关代开增值税专用发票，取得含税收入82 400元；销售自己使用过的小汽车1辆，取得含税收入72 100元（原值为140 000元）。该企业上述业务应缴纳增值税税额为（　　）元。

A. 2 400　　B. 3 773.08　　C. 3 800　　D. 4 500

24. 某商场为增值税一般纳税人，因管理不善发生火灾，导致库存外购洗衣机10台损坏，每台洗衣机的零售价为1 440元，进价为1 000元（不含税），不得抵扣的进项税额为（　　）元。

A. 1 300　　B. 14 400　　C. 12 307.69　　D. 8 547

25. 甲公司为增值税一般纳税人，2022年6月从国外进口一批音响，海关核定的关税完税价格为116万元，缴纳关税11.6万元。甲公司该笔业务应缴纳增值税税额为（　　）万元。

A. 16.59　　B. 15.08　　C. 18.56　　D. 20.42

26. 下列行为中，涉及的进项税额不得从销项税额中抵扣的是（　　）。

A. 将外购的货物用于本单位集体福利

B. 将外购的货物分配给股东和投资者

C. 将外购的货物无偿赠送给其他个人

D. 将外购的货物作为投资提供给其他单位

27. 某企业为增值税一般纳税人，12月该企业将一辆自己使用过7年的小轿车（未抵扣增值税）以10万元的价格售出，其正确的税务处理方法是（　　）。

A. 按2%简易计税办法计算应纳增值税

B. 按4%简易计税办法计算应纳增值税

C. 按简易计税办法依照3%征收率减按2%计算应纳增值税

D. 不缴纳增值税

28. 甲企业当期派出5名管理人员乘坐高铁去外地参加培训会议，共订往返火车票10张，每张票面金额为150元，此次培训期间共发生餐费2 000元，假设不考虑其他因素，甲企业当期可抵扣增值税进项税额是（　　）元。

A. 135　　B. 123.85　　C. 148.35　　D. 243.85

29. 根据增值税法律制度的规定，下列关于增值税纳税义务发生时间的表述，正确的是（　　）。

A. 委托他人代销货物的，为货物发出的当天

B. 从事金融商品转让的，为金融商品所有权转移的当天

C. 采用预收货款方式销售货物的，为收到预收款的当天

D. 采取直接收款方式销售货物的，为货物发出的当天

30. 下列关于增值税纳税期限的表述，不正确的是（　　）。

A. 增值税的纳税期限为1日、3日、5日、10日、15日、1个月或者1个季度

B. 纳税人以1个月或者1个季度为纳税期的，自期满之日起15日内申报纳税

C. 以1日、3日、5日、10日或者15日为1个纳税期的，自期满之日起5日内预缴税款，于次月1日起15日内申报纳税并结清上月应纳税款

D. 纳税人进口货物的，应自海关填发税款缴纳证的次日起5日内缴纳税款

三、多项选择题

1. 下列行为中，需要缴纳增值税的有（　　）。

A. 从国外进口设备　　B. 国内企业自产自销货物

C. 某饭店出售快餐　　D. 单位职工修理车间设备

2. 下列行为中，属于视同销售货物应征收增值税的有（　　）。

A. 销售代销货物

B. 将外购货物用于职工福利

C. 将自产货物用于职工福利宿舍的在建工程

D. 将委托加工收回的货物无偿赠送给其他单位

3. 下列关于纳税人代有关部门收取的政府性基金或行政事业性收费的表述，正确的有（　　）。

A. 只有由国务院或省级人民政府及其财政、价格主管部门批准设立的行政事业性收费，不属于价外费用，不征收增值税

B. 只有由国务院或财政部批准设立的政府性基金，不属于价外费用，不征收增值税

C. 收取时要开具省级以上财政部门印制的财政票据

D. 所收款项全额上缴财政

4. 根据增值税法律制度的规定，下列各项服务中，适用9%税率的有（　　）。

A. 邮政服务　　B. 有形动产融资租赁服务

C. 增值电信服务　　D. 建筑服务

5. 根据增值税法律制度的规定，纳税人销售货物向购买方收取的下列款项中，属于价外费用的有（　　）。

A. 包装物租金

B. 手续费

C. 违约金

D. 受托加工应征税消费品所代收代缴的消费税

6. 企业发生下列业务进项税额不能抵扣的有（　　）。

A. 外购的货物用于个人消费　　B. 外购的货物用于集体福利

C. 外购的货物用于捐赠　　D. 外购的货物用于免征增值税的项目

7. 小规模纳税人增值税应纳税额的计算依据包括（　　）。

A. 当期销项税额　　B. 当期进项税额　　C. 销售额　　D. 规定的征收率

8. 根据增值税法律制度的规定，下列选项中，可以作为增值税扣税凭证的有（　　）。

A. 增值税专用发票　　B. 农产品收购发票

C. 机动车销售统一发票　　D. 海关进口增值税专用缴款书

9. 根据增值税法律制度的规定，下列选项中，免征增值税的有（　　）。

A. 农业生产者销售的自产农产品

B. 企业销售自己使用过的固定资产

C. 由残疾人组织直接进口供残疾人专用的物品

D. 外国政府无偿援助的进口物资

10. 根据增值税法律制度的规定，下列关于增值税纳税义务发生时间的表述，正确的有（　　）。

A. 将委托加工的货物无偿赠送他人的，为货物移送的当天

B. 采取直接收款方式销售货物的，为货物发出的当天

C. 委托他人销售货物的，为受托方售出货物的当天

D. 进口货物的，为报关进口的当天

四、判断题

1. 除国家税务总局另有规定以外，纳税人一经认定为一般纳税人后，不得转为小规模纳税人。（　　）

2. 单位和个体工商户向其他单位或者个人无偿提供服务，视同提供应税服务，征收增值税；但以公益活动为目的或者以社会公众为对象的除外。（　　）

3. 纳税人用以物易物方式销售货物，双方都作购销处理。（　　）

4. 纳税人接受贷款服务时向贷款方支付的与该笔贷款直接相关的投融资顾问费、手续费、咨询费等费用，其进项税额不可以从销项税额中抵扣。（　　）

5. 根据增值税法律制度的规定，境外单位或个人在境内提供应税劳务，在境内未设有经营机构的，以其境内代理人为扣缴义务人；在境内没有代理人的，由境外单位自行缴纳。（ ）

6. 根据增值税法律制度的规定，固定业户应当向其机构所在地的税务机关申报纳税，如总机构和分支机构不在同一县（市），则应由总机构汇总向总机构所在地的税务机关申报纳税。（ ）

7. 境内单位或个人向境内单位或个人销售完全在境外发生的服务，不缴纳增值税。（ ）

8. 在计算黄金首饰以旧换新的业务增值税销售额时，应按黄金首饰同期新产品销售价格确定。（ ）

9. 已抵扣进项税额的购进货物，如果作为集体福利发放给职工个人的，发放时应视同销售计算增值税的销项税额。（ ）

10. 甲公司向乙公司以预收货款的方式销售一批计算机，甲公司增值税纳税义务的发生时间为发出该批计算机的当天。（ ）

五、简答题

1. 视同销售行为有哪些？

2. 简述混合销售行为和兼营行为的区别，以及其进行税务处理的方法。

3. 简述确定视同销售行为的计税销售额的方法。

六、计算分析题

1. 某食品厂为增值税小规模纳税人。7 月该厂销售点心一批，取得含税销售额 40 000 元，经主管税务机关核准购进税控收款机一台，取得的增值税普通发票注明价款为 1 800 元。

要求：不考虑其他因素，计算该食品厂当月应纳增值税税额。

2. 甲公司为增值税一般纳税人，主要从事高尔夫球具的生产与销售。2022 年 5 月该公司发生以下经营活动：

（1）5 月 8 日甲公司将 10 套高尔夫球具赊销给乙公司，并于 5 月 9 日开具了增值税专用发票，注明价款 250 000 元；甲公司于 5 月 12 日发出货物，乙公司于 5 月 20 日支付货款；

（2）甲公司对外转让一台自己使用过的生产设备，取得含税转让价款 169 500 元，该固定资产于 2009 年 7 月 1 日购进；

（3）甲公司采取以旧换新方式销售高尔夫球具 30 套，旧高尔夫球具作价 13 000 元/套（不含税），新高尔夫球具销售价格为 25 000 元/套（不含税）；

（4）甲公司将 50 套高尔夫球具用于职工福利，同类高尔夫球具含税的售价为

28 250 元/套。

已知：取得的增值税专用发票均已认证，高尔夫球具适用增值税税率为 13%。

要求：根据上述资料，计算甲公司当月各笔业务的增值税销项税额。

3. 甲公司为增值税一般纳税人，2021 年 6 月发生以下经济业务：

（1）向农民收购大豆 50 吨，农产品收购发票上注明价款为 20 万元；

（2）销售自产的食用植物油 9 吨，取得不含税销售额 18 万元，将 1 吨同类型的食用植物油发给职工作为福利；

（3）销售全麦饼干，增值税专用发票注明价款为 9 万元，公司已收到货款；

（4）上月向农民收购入库的玉米因保管不当发生霉烂，该批玉米的收购价款为 1 万元；

（5）为修缮仓库购买专用物资一批，价款为 2 万元，取得增值税专用发票注明税额为 0. 26 万元。

已知：纳税人购进的农产品按 9% 的扣除率计算进项税额，取得的增值税专用发票均已通过认证，无期初留抵税额。

要求：不考虑其他因素，计算甲公司 2021 年 6 月应纳增值税税额。

4. 诚扬公司为增值税一般纳税人，经营范围涵盖食品、饮料等商品的生产与销售，2022 年 7 月发生以下业务：

（1）将自产的一批食品作为样品赠送给经销商奇朗公司，由于该产品尚未上市销售，因此无市场同类产品价格，已知其生产成本为 8 万元，产品成本利润率为 10%；

（2）向农民收购一批自产农产品作为原材料使用，开具的农产品收购发票上注明价款为 40 万元；支付该农产品运费，取得运输业增值税专用发票，不含税价格为 0.32 万元；后因管理不善，造成该农产品 3/5 部分霉烂变质；

（3）向某超市销售饮料一批，开具增值税专用发票，不含税价格为 55 万元，同时向该超市收取包装费 0.491 4 万元，开具普通发票。

已知：取得的增值税专用发票均已通过认证，无期初留抵税额。

要求：

（1）计算诚扬公司当月准予抵扣的增值税进项税额。

（2）计算诚扬公司当月的增值税销项税额。

（3）计算诚扬公司当月的增值税应纳税额。

5. A 公司为增值税一般纳税人，2022 年 8 月发生以下经济业务：

（1）5 日，进口一批货物，国外买价为 850 万元，另支付该批货物运抵我国海关前发生的包装费 2 万元、运输费 15 万元、保险费 13 万元，货物报关时，按规定缴纳了进口环节的增值税并取得海关进口增值税专用缴款书，随后又支付国内运输费，取得的增值税专用发票上注明金额为 6 万元，增值税税额为 0.54 万元；

（2）10 日，支付广告服务费，取得的增值税专用发票上注明金额为 5 万元，增值税税额为 0.3 万元；

（3）12 日，购入 2 辆全新小客车自用，取得的机动车销售统一发票上注明价款为 70 万元，增值税税额为 9.1 万元；

（4）18 日，采用以旧换新方式销售上月购进的一批货物，取得收入 30 万元，向对方开具增值税普通发票，旧货物作价 2 万元入库；

（5）27 日，本月 5 日进口的货物全部在国内销售，取得不含税收入 1 200 万元，销售货物同时收取包装费、装卸费等共计 5.1 万元。

已知：货物进口关税税率为 15%，增值税税率为 13%，无须缴纳消费税。取得的增值税专用发票均已通过认证。

要求：

（1）计算 A 公司进口环节应缴纳的增值税税额。

（2）计算 A 公司当月准予抵扣的增值税进项税额。

（3）计算 A 公司当月的增值税销项税额。

（4）计算 A 公司当月的增值税应纳税额。

项目三　消费税的计算与申报

一、填空题

1. 消费税是对在我国境内从事________、__________和________应税消费品的单位和个人，就其销售额或销售数量，在特定环节征收的一种税。

2. 消费税的税率有__________、__________、__________三种形式。

3. 消费税税目中适用从价定率与从量定额相结合的复合计税税率形式的税目是________、________。

4. 消费税税目中适用定额税率形式的税目是________、________、________。

5. 纳税人自产自用的应税消费品，用于____________________的，不纳税；用于其他方面的，于移送使用时纳税。

6. 纳税人生产销售两种税率以上的应税消费品，应当分别核算不同税率应税消费品的销售额、销售数量；未分别核算的，________适用税率计征消费税。

7. 消费税的计税销售额为纳税人销售应税消费品向购买方收取的__________和__________，不包括应向购货方收取的__________。

8. 纳税人自产的应税消费品用于换取生产资料和消费资料、投资入股和抵偿债务等方面，应当按纳税人同类应税消费品的____________作为计税依据。

9. 委托加工的应税消费品，按照受托方同类消费品的销售价格计算纳税；受托方没有同类消费品销售价格的，按照____________计算纳税。

10. 纳税人采取预收货款结算方式的，其纳税义务的发生时间为_____________的当天。

二、单项选择题

1. 根据消费税法律制度的规定，下列商品中不属于消费税征税范围的是（　　）。
   A. 金银首饰　　B. 调味料酒　　C. 汽油　　D. 烟丝

2. 下列行为涉及的货物，属于消费税征税范围的是（　　）。
   A. 批发商批发销售的木制一次性筷子　　B. 超市销售的白酒、啤酒
   C. 化妆品厂销售的普通护肤护发品　　D. 商场销售的金银首饰

3. 根据消费税法律制度的规定，下列企业行为中，无须缴纳消费税的是（　　）。
   A. 地板生产企业将生产的实木地板用于装修本企业办公室
   B. 汽车生产企业将生产的小轿车用于本企业管理部门使用

C. 香水生产企业将生产的香水精用于连续生产香水

D. 化妆品企业将生产的一部分高档化妆品无偿赠送给客户

4. 根据消费税法律制度的规定，下列情形中应缴纳消费税的是（　　）。

A. 汽车厂销售自产电动汽车　　B. 超市零售白酒

C. 化妆品厂销售自产高档化妆品　　D. 珠宝店进口钻石饰品

5. 根据消费税法律制度的规定，下列应税消费品中，在零售环节加征消费税的是（　　）。

A. 金银首饰　　B. 超豪华小汽车　　C. 卷烟　　D. 白酒

6. 根据消费税法律制度的规定，下列应税消费品中，实行从价定率和从量定额相结合的复合计征办法征收消费税的是（　　）。

A. 啤酒　　B. 汽油　　C. 卷烟　　D. 高档手表

7. 甲筷子厂为增值税一般纳税人，12 月销售自产竹制筷子取得不含增值税价款 15 万元，销售自产木制一次性筷子取得不含增值税价款 12 万元，逾期不予退还的木制一次性筷子包装物押金为 0.226 万元。已知增值税税率为 13%，消费税税率为 5%，甲筷子厂当月上述业务应缴纳消费税税额是（　　）万元。

A. 1.36　　B. 0.61　　C. 0.6　　D. 0.76

8. 委托加工的应税消费品从价计征的，其组成计税价格公式正确的是（　　）。

A. （材料成本+加工费）÷（1-消费税税率）

B. （材料成本+利润）÷（1-消费税税率）

C. （材料成本+加工费）÷（1+消费税税率）

D. （材料成本+利润）÷（1+消费税税率）

9. 某企业进口一批小汽车，海关核定的关税完税价格为 480 万元。已知关税税率为 40%，消费税税率为 3%。该企业应缴纳消费税税额是（　　）万元。

A. 20.78　　B. 14.85　　C. 20.16　　D. 21.38

10. 纳税人销售应税消费品向购买人收取的下列税金、价外费用中，不应并入应税消费品销售额的是（　　）。

A. 向购买方收取的消费税税额

B. 向购买方收取的价外基金

C. 向购买方收取的符合条件的代垫运费款

D. 向购买方收取的手续费

11. 某化妆品生产企业将生产的一批成本为 90 万元的高档化妆品进行销售，取得含税销售收入 113 万元。已知高档化妆品消费税税率为 15%，成本利润率为 10%，该高档化妆品生产企业此项业务应缴纳的消费税税额为（　　）万元。

A. 16.95　　B. 15　　C. 14.85　　D. 9

12. 某酒厂 8 月销售粮食白酒 6 000 千克，取得不含税价款 200 万元，包装物押金为 5.1 万元，包装物 2 个月后归还厂家，则该酒厂应纳消费税税额是（　　）万元。

A. 41.5　　B. 40　　C. 40.6　　D. 41.62

13. 5 月甲石化公司销售自产汽油 800 吨，办公用小汽车领用自产汽油 1 吨，向子公司无偿赠送自产汽油 0.5 吨。已知汽油的消费税税率为 1.52 元/升，汽油按 1 吨=1 388 升换算，甲石化公司当月上述业务应缴纳的消费税税额是（　　）元。

A. 1 688 862.88　　B. 1 687 808　　C. 1 690 972.64　　D. 1 689 917.76

14. 10 月甲厂受托为乙卷烟厂加工烟丝，收取加工费，开具的增值税专用发票上注明金额为 21 000 元、税额为 2 730 元，乙卷烟厂提供材料成本为 140 000 元；甲厂无同类烟丝销售价格。已知烟丝消费税税率为 30%，则甲厂当月该笔业务应代收代缴消费税税额是（　　）元。

A. 69 000　　B. 49 119　　C. 48 300　　D. 70 170

15. 根据消费税法律制度的规定，下列选项中不应当征收消费税的是（　　）。

A. 某白酒厂将自产的白酒用于赠送客户

B. 某卷烟厂将自产的烟丝用于连续生产卷烟

C. 某地板厂将自产的实木地板用于装修办公楼

D. 某化妆品厂将自产的高档保湿化妆品精华移送生产普通化妆品

16. 根据消费税法律制度的规定，纳税人以 1 个月或者 1 个季度为 1 个纳税期的，自期满之日起（　　）日内申报缴纳消费税。

A. 7　　B. 10　　C. 15　　D. 30

17. 下列关于消费税纳税地点的表述，不正确的是（　　）。

A. 单位自产自用的应税消费品，一般应向机构所在地的税务机关申报纳税

B. 个人委托外县纳税人代销自产应税消费品的，于应税消费品销售后，向居住地税务机关申报纳税

C. 个人销售的应税消费品，如因质量原因由购买者退回时，经居住地税务机关审核批准后，可退还已缴纳的消费税税款

D. 个人携带或者邮寄进境的应税消费品，免征消费税

18. 根据消费税法律制度的规定，纳税人外购下列已缴税消费税的消费品生产应税消费品的，已缴纳消费税可以扣除的是（　　）。

A. 外购已税卷烟贴商标、包装生产出售的卷烟

B. 外购已税手表生产的高档手表

C. 外购已税白酒勾兑生产的白酒

D. 外购已税润滑油连续生产的润滑油

19. 下列关于自产自用或委托加工应税消费品销售额的表述，不正确的是（　　）。

A. 纳税人自产自用的应税消费品，按照纳税人生产的同类消费品的销售价格计算纳税

B. 纳税人自产自用的应税消费品，没有同类消费品销售价格的，按照组成计税价格计算纳税

C. 组成计税价格=（成本+利润）÷（1+消费税税率）

D. 委托加工的应税消费品，按照受托方同类消费品的销售价格计算纳税

20. 下列关于消费税纳税义务发生时间的表述，不正确的是（　　）。

A. 纳税人自产自用应税消费品的，为移送使用的当天

B. 纳税人进口应税消费品的，为报关进口的当天

C. 纳税人委托加工应税消费品的，为支付加工费的当天

D. 纳税人采取预收货款结算方式销售应税消费品的，为发出应税消费品的当天

三、多项选择题

1. 下列选项中，应同时征收增值税和消费税的有（　　）。

A. 零售环节销售的实木地板　　B. 零售环节销售的黄金首饰

C. 生产环节销售的护肤品　　D. 进口的小汽车

2. 下列选项中，不属于消费税征税范围的有（　　）。

A. 高尔夫球包　　B. 电动汽车

C. 体育比赛中用的发令纸　　D. 润滑油

3. 根据消费税法律制度的规定，下列情形中应缴纳消费税的有（　　）。

A. 金银饰品店将购进的黄金首饰用于奖励员工

B. 地板生产企业将生产的实木地板用作广告样品

C. 筷子厂将自产的木制一次性筷子用于本厂食堂

D. 化妆品公司将自产的高档化妆品用于赠送客户

4. 某集团股份有限公司下设三个子公司，分别从事地板、涂料、啤酒的生产销售业务及房地产开发业务，则该公司下列业务中应从价征收消费税的有（　　）。

A. 销售实木地板　　B. 销售涂料　　C. 销售啤酒　　D. 销售商品房

5. 根据消费税法律制度的规定，纳税人自产自用的应税消费品，凡用于其他方面应当纳税的，其销售额的核算方法是（　　）。

A. 按照纳税人当月销售的同类消费品的加权平均销售价格计算

B. 如果当月无同类应税消费品销售的，按照纳税人上月或近期销售的同类消费品的加权平均销售价格计算

C. 按照纳税人当月销售的同类消费品的最高销售价格计算

D. 没有同类消费品销售价格的，按照组成计税价格计算

6. 下列有关进口应税消费品的表述，正确的有（　　）。

A. 进口应税消费品以组成计税价格为计税依据

B. 进口应税消费品的纳税义务发生时间为报关进口的当天

C. 进口应税消费品实行复合计税办法的，其组成计税价格公式为：组成计税价格=（关税完税价格+关税+进口数量×消费税定额税率）÷（1-消费税比例税率）

D. 进口应税消费品由进口人或代理人向其机构所在地海关申报缴纳消费税

7. 下列关于消费税纳税人的表述，正确的有（　　）。

A. 零售金银首饰的纳税人是消费者

B. 委托加工化妆品的纳税人是委托加工企业

C. 进口卷烟的纳税人是进口企业

D. 高档化妆品的纳税人是批发商

8. 根据消费税法律制度的规定，下列应税消费品在零售环节征收消费税的有（　　）。

A. 金银首饰　　B. 卷烟

C. 高档化妆品　　D. 超豪华小汽车

9. 某企业进口一批高尔夫球及球具，关税完税价格为 200 万元，已知关税税率为 30%，消费税税率是 10%，则下列表述正确的有（　　）。

A. 进口时应缴纳关税 60 万元

B. 进口时应缴纳消费税 28. 89 万元

C. 进口时应缴纳增值税 37. 56 万元

D. 进口时关税、消费税、增值税均由海关负责征收

10. 按照消费税法律制度的规定，下列应税消费品销售时可以扣除外购已税消费品已纳消费税税额的有（　　）。

A. 外购已税烟丝为原料生产的卷烟

B. 外购已税鞭炮、焰火为原料生产的鞭炮、焰火

C. 外购已税摩托车为原料生产的摩托车

D. 外购已税高档手表为原料生产的高档手表

四、判断题

1. 对不同的征税项目，消费税税负差异较大，对需要限制消费的消费品规定较高的税率体现了特殊的调节目的。（　　）

2. 小汽车生产企业向商业销售企业收取的“品牌使用费”，应并入小汽车的销售额缴纳消费税。（　　）

3. 甲企业委托乙企业加工一批应税消费品，该批消费品应缴纳的消费税应由乙企业向税务机关解缴。（　　）

4. 销售酒类产品收取的包装物押金，无论是否返还以及会计上如何核算，均应并入当期的销售额征收消费税。（　　）

5. 卷烟厂将自己生产的烟丝用于继续生产卷烟，应在移送使用环节对烟丝征收消费税。（　　）

6. 某汽车厂作为市全民体育活动月赞助方，将自产的 5 辆应税小汽车赠送给市全民体育活动月组委会用于活动运行。该赠送汽车的行为既要征收增值税，又要征收消费税。（　　）

7. 纳税人自产自用从价定率征税的应税消费品，没有同类消费品销售价格的，按照组成计税价格计算纳税。组成计税价格的计算公式是：（成本+利润）÷（1+消费税税率）。（　　）

8. 对应税消费品征收消费税与征收增值税的征税环节是一样的，都是在应税消费品的生产销售、批发、零售环节征收。（　　）

9. 从量定额法下，委托加工应税消费品消费税的计征应以委托方收回应税消费品数量为计税依据。 (　　)

10. 纳税人到外县销售自产应税消费品的，应回纳税人机构所在地或居住地申报纳税。 (　　)

五、简答题

1. 简述消费税的特点。

2. 消费税的纳税义务人包括哪些单位和个人？

3. 简述消费税应纳税额计算的一般规定及相应的计算方法。

六、计算分析题

1. 甲酒厂为增值税一般纳税人，主要从事白酒和啤酒的生产和销售业务。2022 年 6 月甲酒厂采取赊销方式向乙公司销售自产粮食白酒 2 吨，6 月 3 日签订的书面合同约定收款日期为 6 月 27 日。甲酒厂于 6 月 7 日发出粮食白酒，6 月 27 日收到乙公司支付的全部款项，其中含增值税价款 339 000 元、品牌使用费 56 500 元、包装物押金 22 600 元。本月另向丙公司销售啤酒 100 吨，每吨出厂价格为 2 500 元（不含税），发票已开具，货款已收到。

要求：根据上述资料，不考虑其他因素，计算甲酒厂 6 月应缴纳的消费税。

2. 华美公司为增值税一般纳税人。2022 年 3 月该公司外购高档护肤类化妆品 100 万元，用于继续生产高档修饰类化妆品，当月生产销售高档修饰类化妆品取得不含税销售收入 200 万元。该公司 3 月初库存的高档护肤类化妆品为 20 万元，3 月底库存的高档护肤类化妆品为 30 万元，已知高档化妆品适用的消费税税率为 15%。

要求：根据上述资料，不考虑其他因素，计算华美公司 3 月应缴纳的消费税。

3. 驰名钟表有限责任公司为增值税一般纳税人，主要从事高档手表生产及进口销售业务，高档手表适用消费税税率为20%。该公司2022年12月发生以下业务：

（1）从国外进口一批A类高档手表，关税完税价格为80万元，已缴纳关税20万元；

（2）委托丁工厂加工B类高档手表，提供原材料价值68万元，支付加工费2万元，该批加工产品已收回（受托方没有B类高档手表同类货物价格）；

（3）销售本公司生产的C类高档手表，取得销售额58万元（不含税）；

（4）奖励优秀职工本公司生产的C类高档手表10块，该批手表市场销售价格为2万元/块（不含税）。

要求：

（1）计算该公司进口A类高档手表应缴纳的消费税税额。

（2）该公司委托丁工厂加工B类高档手表应如何缴纳消费税？应纳消费税税额是多少？

（3）计算该公司C类高档手表应缴纳的消费税税额。

4. A卷烟厂为增值税一般纳税人，2022年7月发生以下业务：

（1）销售乙类卷烟1 500标准条，取得含增值税销售额87 000元；

（2）受托为B卷烟厂加工甲类卷烟2 200标准条，取得不含增值税加工费44 000元，B卷烟厂提供原材料成本为176 000元；A卷烟厂无同类卷烟销售价格。

已知：甲类卷烟适用消费税比例税率为56%，乙类卷烟适用消费税比例税率为36%，增值税税率均为13%，定额税率为0.003元/支，每标准条为200支。

要求：根据上述资料，不考虑其他因素，计算A卷烟厂7月应缴纳的消费税税额。

5. 中裕葡萄酒公司为增值税一般纳税人，主要从事葡萄酒的生产和销售业务。2022年6月有关经营情况如下：

（1）以自产100箱A品牌葡萄酒换入酿酒设备，该品牌葡萄酒生产成本为1 130元/箱，含增值税平均单价为2 034元/箱，含增值税最高单价为2 486元/箱；

（2）向自设非独立核算门市部移送500箱自产B品牌葡萄酒，该品牌葡萄酒含增值税出厂价为1 695元/箱；该门市部对外销售400箱，含增值税单价为3 390元/箱；

（3）受托为东升公司加工C品牌葡萄酒，收取含增值税加工费40 680元；东升公司提供原材料成本720 000元，中裕葡萄酒公司无同类葡萄酒销售价格。

已知：销售葡萄酒增值税税率为13%，消费税税率为10%；提供加工劳务增值税税率为13%。

要求：

（1）计算中裕葡萄酒公司当月以自产A品牌葡萄酒换入酿酒设备应缴纳的消费税税额。

（2）计算中裕葡萄酒公司当月销售B品牌葡萄酒应缴纳的消费税税额。

（3）计算中裕葡萄酒公司当月受托加工C品牌葡萄酒应代收代缴的消费税税额。

项目四　关税的计算与申报

一、填空题

1. 关税是海关依法对__________的货物或者物品征收的一种流转税，包括________关税和______关税。

2. 关税的纳税义务人有两种：一种是____________________的纳税人；另一种是____________________的纳税人。

3. __________是整个关税制度的核心。

4. 进口关税设置__________、__________、__________、__________、__________等，进口货物在一定期限内也可以实行暂定税率。

5. 进口货物的保险费应当按照实际支付的费用计算。如果进口货物的保险费无法确定或者未实际发生，海关应当按照“货价加运费”两者总额的_____计算保险费。

6. 一般进口货物完税价格的确定方法是______________和__________________。

7. 出口货物完税价格的计算公式为：__________________________________。

8. 纳税义务人应当自海关填发税款缴款书之日起_____日内，向指定银行缴纳税款。

9. 滞纳金自关税缴纳期限届满之日起，至纳税义务人缴纳关税之日止，按滞纳税款__________的比例按日征收，周末或法定节假日不予扣除。

10. 海关发现少征或者漏征税款的，应自缴纳税款或者货物、物品放行之日起____年内，向纳税人补征。

二、单项选择题

1. 关税的征税主体是国家，代表国家执行征税权的是（　　）。

A. 国家税务局　　B. 地方税务局　　C. 海关　　D. 财政部门

2. 下列选项中，属于关税纳税义务人的是（　　）。

A. 进口货物的收货人　　B. 进境邮寄物品的寄件人

C. 进境物品的发货人　　D. 进口货物的发货人

3. 关税的征税对象是（　　）。

A. 仅指准许进出境的货物　　B. 仅指准许进出境的物品

C. 准许进出境的货物和物品　　D. 有形动产

4. 根据关税法律制度的规定，对原产地不明的进口货物，适用的关税税率是（　　）。

A. 特惠税率　　B. 关税配额税率

C. 协定税率　　　　　　　　　　　　D. 普通税率

5. 下列进口货物中，实行从量计征进口关税的是（　　）。

A. 卷烟　　　　B. 汽车　　　　C. 高档手表　　　　D. 原油

6. 入境人员个人携带高档化妆品在海关需要缴纳的税种是（　　）。

A. 关税　　　　　　　　　　　　B. 增值税

C. 消费税　　　　　　　　　　　D. 关税及进口环节海关代征税

7. 甲公司进口了一批羊绒衫，12 月 5 日接到船运公司通知，货物于 12 月 8 日到达广州港，12 月 9 日，小明去广州海关办理报关手续，12 月 11 日，海关填发税收缴款书，这批进口货物应该适用（　　）。

A. 12 月 5 日的进口税率　　　　　B. 12 月 8 日的进口税率

C. 12 月 9 日的进口税率　　　　　D. 12 月 11 日的进口税率

8. 下列费用中，可以列入关税完税价格的是（　　）。

A. 进口关税及其他国内税

B. 货物运抵境内输入点之后发生的运输费用

C. 买方为购进货物向代表双方利益的经纪人支付的劳务费

D. 工业设施、机械设备类货物进口后发生的基建、安装、调试、技术服务等费用

9. 下列选项中，不应计入进口货物完税价格的是（　　）。

A. 机器设备进口后的安装费用

B. 运抵我国境内起卸前的保险费

C. 卖方从买方对该货物进口后转售所得中获得的收益

D. 买方支付的特许权使用费

10. 甲公司进口一批货物，海关审定的成交价格为 1 100 万元，货物运抵我国境内输入地点起卸前的运费为 96 万元，保险费为 4 万元。已知关税税率为 10%，甲公司该笔业务应缴纳的关税税额是（　　）万元。

A. 120　　　　B. 110. 4　　　　C. 110　　　　D. 119. 6

11. 乙企业将一台账面余值 55 万元的进口设备运往境外修理，当月在海关规定的期限内复运进境。经海关审定的境外修理费为 4 万元、料件费为 6 万元。已知该设备的进口关税税率为 30%，则该企业应缴纳的关税税额为（　　）万元。

A. 1. 8　　　　B. 3　　　　C. 16. 5　　　　D. 19. 5

12. 甲公司从德国进口一批厨房家电，支付国外销售方货款 130 万元、包装费 0. 2 万元，延长保修费 0. 3 万元，支付国外海运公司将货物从国外运到我国青岛港的运输费及保险费用 1 万元。该批货物进口关税的完税价格是（　　）万元。

A. 130. 2　　　　B. 131　　　　C. 131. 3　　　　D. 131. 5

13. 乙公司出口澳大利亚一批竹浆，双方协商的结算价格是 FOB 广州港 15 000 美元，该批竹浆从广州港运到悉尼港的运输费及保险费用共计 2 300 美元，由进口方支付。出口关税税率为 10%，外汇牌价为 100 美元=620 人民币。其出口关税完税价格是（　　）元。

A. 103 333. 33　　　　B. 84 545. 45　　　　C. 97 509. 09　　　　D. 119 177. 78

14. 小王参加欧洲游，途中在瑞士购得一块机械表，当地购买价为 1 200 欧元，外汇牌价为 1 欧元=7. 6 人民币，海关总署审定的机械表进境完税价格是 500 元，进口税率是 30%。小王应缴纳进口关税为（　　）元。

A. 1 140　　B. 9 120　　C. 2 736　　D. 150

15. 某进出口公司出口一批货物，离岸价格为 100 万元，支付给境外的佣金为 10 万元。已知该批货物适用的关税税率为 20%，则出口该批货物的关税完税价格为（　　）万元。

A. 100　　B. 90　　C. 75　　D. 25

16. 根据关税的有关规定，若出口货物的成交价格不能确定时，最先使用（　　）作为完税价格。

A. 根据境内生产相同或类似货物的成本、利润和一般费用、境内发生的运输及其相关费用、保险费计算所得的价格

B. 同时或大约同时向同一国家或地区出口的相同货物的成交价格

C. 同时或大约同时向同一国家或地区出口的类似货物的成交价格

D. 按照合理方法估定的价格

17. 新发公司进口一台机器设备，成交价格为 4 500 万元，起卸前运费和保险费共计 1. 5 万元，经纪费为 4 万元，进口关税税率为 15%，则该公司应纳进口关税为（　　）万元。

A. 60　　B. 60. 18　　C. 675. 825　　D. 60. 825

18. 进口货物自运输工具申报进境之日起（　　）日内，应由纳税义务人向货物进境地海关申报纳税。

A. 7　　B. 14　　C. 15　　D. 30

19. 纳税义务人、担保人自缴纳税款期限届满之日起超过（　　）个月仍未缴纳税款的，经直属海关关长或者其授权的隶属海关关长批准，海关可以采取强制措施。

A. 3　　B. 5　　C. 6　　D. 10

20. 甲公司因欠缴进口关税 150 000 元达 180 天，海关对其采取强制征收措施，书面通知其开户银行或者其他金融机构从其存款中扣缴税款，扣缴金额为（　　）元。

A. 150 000　　B. 163 500　　C. 13 500　　D. 158 100

三、多项选择题

1. 关税的纳税义务人包括（　　）。

A. 进口货物的发货人　　B. 出口货物的发货人

C. 馈赠物品进境的收货人　　D. 邮递进境物品的寄件人

2. 甲公司收到俄罗斯客户退货，当这批货物再进境时，关税的正确处理方式有（　　）。

A. 免征进口关税　　B. 出口关税可以申请退还

C. 进口环节缴纳关税　　D. 出口关税不予退还

3. 甲公司进口的货物发生了部分损失，下列情况中，属于可以酌情减免关税的有（　　）。

A. 一批海鲜因为天气原因，在报关查验时发现 10 箱已经变质

B. 一批工艺品因包装不当，在海上运输中发生破损

C. 一批咖啡在青岛港卸货后、海关放行前因台风损失 5 箱

D. 一批化妆品在离开青岛海关后、在运抵公司前因车祸损失

4. 按货物国别来源而区别对待原则，关税可以分为（　　）。

A. 最惠国关税　　B. 协定关税　　C. 特惠关税　　D. 普通关税

5. 我国关税计征办法包括（　　）。

A. 从价关税　　B. 从量关税　　C. 复合关税　　D. 滑准关税

6. 进口货物的完税价格由海关以该货物的成交价格及该货物运抵中华人民共和国境内输入地点起卸前的（　　）费用为基础审查确定。

A. 包装　　B. 其他劳务　　C. 保险　　D. 运输

7. 下列选项中，应计入关税完税价格的有（　　）。

A. 进口货物的买方为购买该项货物向卖方实际支付或应当支付的价格

B. 进口方在成交价格外另支付给买方代理人的佣金

C. 货物运抵我国关境内输入地点起卸前的包装费、运费、保险费和其他劳务费

D. 为了在境内生产、制造、使用或出版、发行的目的而向境外支付的与该进口货物有关的专利权、商标权、著作权，以及专有技术、计算机软件和资料使用费等费用

8. 下列关于关税完税价格的表述，正确的有（　　）。

A. 运往境外修理的货物应当以境外修理费和料件费以及该货物复运进境的运输及其相关费用、保险费为基础审查确定完税价格

B. 运往境外加工的货物应当以境外加工费和料件费以及该货物复运进境的运输及其相关费用、保险费为基础审查确定完税价格

C. 租赁方式进口的货物以海关审定的租金作为完税价格

D. 邮运进口的货物，应当以邮费作为运输及相关费用、保险费

9. 升华公司主营产品的一个关键部件是由德国某工厂负责加工的。目前，升华公司将该部件生产用主要材料运往德国，出境时已向海关报明，并在海关规定期限内复运进境。此时，关税完税价格的确定基础为（　　）。

A. 境外加工费　　B. 料件费

C. 运抵我国输入地点前的运输费用　　D. 运抵我国输入地点前的保险费用

10. 某公司从法国进口化妆品，进口环节应缴纳的税金及其计税方法有（　　）。

A. 从价计征的关税　　B. 从量计征的关税

C. 从量计征的消费税　　D. 从价计征的增值税

四、判断题

1. 中华人民共和国准许进出口的货物、进境物品，除法律、行政法规另有规定外，

由海关依照规定征收进出口关税。（ ）

2. 货物是非贸易性商品，物品是贸易性商品。（ ）

3. 进口货物适用何种关税税率是以进口货物进口地为标准的。（ ）

4. 出口货物关税完税价格的计算公式为：关税完税价格 = 离岸价格 ÷（1+出口税率）。（ ）

5. 运往境外修理的机械器具、运输工具或者其他货物，出境时已向海关报明并在海关规定期限内复运进境的，以经海关审定的修理费和料件费作为关税完税价格。（ ）

6. 进口货物原产地为与我国签订含有关税优惠条款的区域性贸易协定的国家或地区，该进口货物适用的关税税率是特惠税率。（ ）

7. 因故退还的境外进口货物，经海关审查无误后，可以免征出口关税，已征收的进口关税可以退还。（ ）

8. 我国对一切出口货物都征收出口关税。（ ）

9. 外国政府、国际组织无偿赠送的物资免征关税。（ ）

10. 复合关税是指对一种进口货物同时按照从价、从量两种形式，分别计算出税额，以两个税额之和作为该货物的应征税额的一种征收关税标准。（ ）

五、简答题

1. 简述关税的作用。

2. 关税应纳税额的计算方法有哪几种？

3. 需退还关税的情形有哪些？应如何处理？

六、计算分析题

1. 甲城建公司为修建城市地铁，从国外进口设备一台，货价为 200 万元，包装费为 5 万元，起运后至入关前运费为 12 万元，到货后调试费为 8 万元。已知进口货物关税税率为 15%，计算该公司应缴纳的进口关税税额。

2. 乙进出口公司从国外进口一批化工原料共 500 吨，货物以境外口岸离岸价格成交，单价折合人民币 20 000 元，其还向卖方支付佣金每吨 1 000 元人民币。该货物运抵中国关境内输入地点起卸前的包装、运输、保险和其他劳务费用为每吨 2 000 元人民币，已知关税税率为 10%，计算该批化工原料的关税税额。

3. 腾跃公司2022年3月进口2台刻录机，单价为2 000美元。假设美元与人民币汇率为1∶6.6，从量税为每台1 500元人民币，从价税税率为3%，计算腾跃公司应缴纳的进口关税税额。

项目五　企业所得税的计算与申报

一、填空题

1. 企业所得税采取收入来源地管辖权和居民管辖权相结合的双重管辖权，把企业分为__________和__________，分别确定不同的纳税义务。

2. 企业所得税实行比例税率，基本税率为________。

3. 非居民企业在中国境内未设立机构、场所的，或者虽设立机构、场所但取得的所得与其所设机构、场所没有实际联系的，应当就其来源于中国境内的所得缴纳企业所得税，适用税率为____，减按____的税率征收。

4. 动产转让所得按照转让动产的企业或者机构、场所所在地确定，不动产转让所得按照____________确定所得来源地。

5. 股息、红利等权益性投资收益，除国务院财政、税务主管部门另有规定外，按照____________________的日期确认收入的实现。

6. 企业发生的公益性捐赠支出，不超过______________的部分，准予扣除。

7. 企业购置并实际使用规定的__________、__________、__________等专用设备的，该专用设备的投资额的10%可以从企业当年的应纳税额中抵免。

8. 税法规定，企业某一纳税年度发生的亏损可以用下一年度的所得弥补，下一年度的所得不足以弥补的，可以逐年延续弥补，但最长不得超过____年。

9. 除税收法律、行政法规另有规定外，居民企业以______________为纳税地点；但登记注册地在境外的，以__________________为纳税地点。

10. 企业应当自年度终了之日起________内，无论盈利或亏损，均向税务机关报送年度企业所得税纳税申报表，并汇算清缴，结清应缴应退税款。

二、单项选择题

1. 根据企业所得税法律制度的规定，下列选项中属于企业所得税纳税人的是（　　）。

   A. 合伙企业　　B. 个体工商户　　C. 个人独资企业　　D. 国有独资公司

2. 根据企业所得税法律制度的规定，下列选项中属于非居民企业的是（　　）。

   A. 在山东省市场监督管理局登记注册的企业

   B. 在美国注册但实际管理机构在上海的外资独资企业

   C. 在美国注册的企业，在青岛设有办事处

   D. 在北京注册但在俄罗斯开展工程承包的企业

3. 根据企业所得税法律制度的规定，下列有关企业所得税税率的表述，不正确的是（　　）。

A. 居民企业适用所得税税率为25%

B. 符合条件的小型微利企业适用所得税税率为20%

C. 国家重点扶持的高新技术企业减按15%的所得税税率征收

D. 在中国境内设立机构、场所，但取得的所得与其所设机构、场所没有实际联系的非居民企业，取得中国境内的所得适用所得税税率为15%

4. 德国A公司在中国设立分支机构，其来源于中国境内的所得适用的企业所得税税率是（　　）。

A. 20%　　B. 25%　　C. 30%　　D. 33%

5. 下列所得享受企业所得税减半征收的是（　　）。

A. 从事核桃的种植

B. 牲畜、家禽的饲养

C. 从事灌溉、农产品初加工、兽医等农、林、牧、渔服务业项目

D. 花卉、茶以及其他饮料作物和香料作物的种植

6. 计算企业所得税应纳税所得额时，允许税前扣除的项目是（　　）。

A. 赞助支出　　B. 支付的银行罚息

C. 税务机关的税收滞纳金　　D. 未经核准的准备金支出

7. 在计算企业应纳税所得额时，下列有关工会经费的表述，正确的是（　　）。

A. 不超过工资薪金总额2%的部分，准予扣除

B. 不超过工资薪金总额8%的部分，准予扣除

C. 不超过工资薪金总额2%的部分，准予扣除；超过部分准予在以后纳税年度结转扣除

D. 不超过工资薪金总额8%的部分，准予扣除；超过部分准予在以后纳税年度结转扣除

8. 下列关于收入确认时点的表述，正确的是（　　）。

A. 接受捐赠收入，按照签订捐赠合同的日期确认收入的实现

B. 租金收入，按照承租人实际支付租金的日期确认收入的实现

C. 利息收入，按照合同约定的债务人应付利息的日期确认收入的实现

D. 权益性投资收益，按照被投资方作利润分配账务处理的日期确认收入的实现

9. 下列选项中，属于计算企业应纳税所得额时准予扣除的项目是（　　）。

A. 缴纳的印花税　　B. 缴纳的税收滞纳金

C. 非广告性赞助支出　　D. 为职工缴纳的商业保险费

10. 下列选项中，属于企业所得税不征税收入的是（　　）。

A. 股权转让收入　　B. 国债利息收入

C. 确实无法偿付的应付款项　　D. 财政拨款

11. A公司3月销售一批产品，含税价格为56.5万元。由于数量多，A公司给予8折

优惠，购买发票上在金额栏已分别注明。已知增值税税率为13%。A公司在计算企业所得税应纳税所得额时，应确认的产品销售收入是（　　）万元。

A. 36　　B. 40　　C. 40.68　　D. 45.20

12. 2023年度A公司发生合理的工资、薪金支出250万元，发生职工教育经费支出3万元，上年度未在税前扣除的职工教育经费支出为18万元。在计算A公司2023年度企业所得税应纳税所得额时，准予扣除的职工教育经费支出是（　　）万元。

A. 18　　B. 20　　C. 3　　D. 21

13. 根据企业所得税法律制度的规定，下列属于企业所得税不征税收入的是（　　）。

A. 特许权使用费收入　　B. 国债利息收入

C. 确实无法偿付的应付款项　　D. 财政拨款

14. 根据企业所得税法律制度的规定，企业缴纳的下列税金中，不得扣除的是（　　）。

A. 增值税　　B. 消费税　　C. 印花税　　D. 房产税

15. 某公司2023年度支出合理的工资、薪金总额1 000万元，按规定标准为职工缴纳基本社会保险费120万元，支付补充养老保险费80万元，为公司高管缴纳商业保险费30万元。根据企业所得税法律制度的规定，该公司2023年度准予扣除的保险费是（　　）万元。

A. 230　　B. 200　　C. 170　　D. 120

16. 2023年8月，甲公司向金融企业借入流动资金借款1 200万元，期限为3个月，年利率为6%；向非关联企业乙公司借入同类借款1 800万元，期限为3个月，年利率为12%。该公司2023年度准予扣除的利息费用是（　　）万元。

A. 54　　B. 72　　C. 18　　D. 45

17. 甲公司2023年度的利润总额为30万元，通过民政部门向目标脱贫地区捐赠6万元，直接向贫困小学捐赠8万元。则甲公司当年度可以在企业所得税税前扣除的捐赠金额是（　　）万元。

A. 6　　B. 8　　C. 11.6　　D. 3.6

18. 甲公司2023年产品销售收入为8 000万元，当年发生管理费用600万元，其中业务招待费为120万元。根据企业所得税法律制度的规定，甲公司2023年度企业所得税税前可以扣除的管理费用为（　　）万元。

A. 40　　B. 72　　C. 520　　D. 680

19. 甲公司2023年度取得销售收入9 000万元，发生符合条件的广告费支出1 000万元，上年度未在税前扣除的符合条件的广告费和业务宣传费支出为300万元。甲公司2023年度企业所得税税前准予扣除的广告费和业务宣传费支出为（　　）万元。

A. 1 200　　B. 700　　C. 1 300　　D. 1 000

20. 下列关于企业所得税税前扣除的表述，不正确的是（　　）。

A. 企业发生的合理的工资、薪金的支出，准予扣除

B. 企业发生的合理的劳动保护支出，准予扣除

C. 企业参加财产保险，按照规定缴纳的保险费，准予扣除

D. 企业发生的职工福利费支出超过工资、薪金总额14%的部分，准予在以后纳税年度结转扣除

21. 根据企业所得税法律制度的规定，下列固定资产的最低折旧年限为 3 年的是（ ）。

A. 房屋、建筑物　　B. 生产设备

C. 火车　　D. 电子设备

22. 根据企业所得税法律制度的规定，下列固定资产中，在计算企业所得税应纳税所得额时不得计算折旧扣除的是（ ）。

A. 未投入使用的房屋建筑物

B. 以经营租赁方式租出的机器设备

C. 已足额提取折旧仍继续使用的运输工具

D. 以融资租赁方式租入的厂房

23. 某公司 2023 年度转让一项专利技术，取得符合税收优惠条件的技术转让收入 800 万元，发生转让成本及相关税费 100 万元。该公司 2023 年度利润总额为 2 000 万元，除上述技术转让所得外无其他纳税调整事项。则该公司 2023 年度企业所得税应纳税所得额是（　　）万元。

A. 1 300　　B. 1 400　　C. 1 350　　D. 1 600

24. 甲企业为创业投资企业，2021 年 5 月采取股权投资方式向乙公司（未上市的中小高新技术企业）投资 500 万元，至 2023 年 12 月 31 日仍持有该股权。甲企业 2023 年度应纳税所得额为 1 200 万元。已知企业所得税税率为 25%，则甲企业 2023 年度应缴纳的企业所得税税额是（　　）万元。

A. 17. 5　　B. 122. 5　　C. 212. 5　　D. 287. 5

25. 甲公司 2023 年度企业所得税应纳税所得额为 2 800 万元。当年购置并实际使用一台符合相关规定的安全生产专用设备，该设备的投资额为 600 万元。则甲公司 2023 年度应缴纳的企业所得税税额是（　）万元。

A. 600　　B. 640　　C. 735　　D. 750

26. 甲居民企业 2023 年取得境内所得 700 万元，境外所得 100 万元，境外实缴税款 30 万元。已知甲企业全年已经预缴税款 60 万元，根据企业所得税法律制度的规定，下列表述正确的是（ ）。

A. 甲企业当年企业所得税汇算清缴应补税款 115 万元

B. 甲企业当年企业所得税汇算清缴应补税款 140 万元

C. 甲企业当年企业所得税汇算清缴应补税款 110 万元

D. 甲企业当年企业所得税汇算清缴应退税款 140 万元

27. 甲公司 2023 年度实现利润总额为 1 000 万元，取得营业收入为 15 000 万元，发生的各项支出中业务招待费为 100 万元，赞助明星演唱会 20 万元。假设无其他纳税调整事项，则该公司应缴纳的企业所得税税额是（　）万元。

A. 280　　B. 265　　C. 255　　D. 240

28. 甲企业 2023 年取得销售货物收入 2 000 万元、租金收入 200 万元、转让房屋收入 200 万元和股息收入 100 万元，当年发生的与生产经营活动有关的业务招待费为 60 万元。根据企业所得税法律制度的规定，该企业 2023 年度企业所得额税前准予扣除的业务招待费是（　　）万元。

A. 11　　B. 36　　C. 47　　D. 61

29. 2023 年 3 月 1 日，甲公司采用预收款方式销售一批商品，3 月 10 日收到全部价款，3 月 20 日发出商品，客户于 3 月 21 日收到该批商品。下列关于甲公司确认该业务企业所得税销售收入实现时间的表述，正确的是（　　）。

A. 3 月 1 日确认销售收入　　B. 3 月 10 日确认销售收入

C. 3 月 20 日确认销售收入　　D. 3 月 21 日确认销售收入

30. 根据企业所得税法律制度的规定，居民企业的纳税地点是（　　）。

A. 企业登记注册地　　B. 机构、场所所在地

C. 所在地主管税务机关　　D. 所在地主管财政机关

31. 根据企业所得税法律制度的规定，下列关于企业所得税纳税期限的表述，不正确的是（　　）。

A. 企业依法清算时，应当以清算期作为一个纳税年度

B. 企业在一个纳税年度中间开业，使该纳税年度的实际经营不足 12 个月的，应当以其实际经营期为一个纳税年度

C. 企业所得税按年计征，分月或者分季预缴，年终汇算清缴，多退少补

D. 企业在纳税年度中间终止经营活动的，应当自实际经营终止之日起 15 日内，向税务机关办理当期企业所得税汇算清缴

32. 纳税人应当自年度终了之日起（　　）内向税务机关报送年度企业所得税纳税申报表。

A. 15 日　　B. 60 日　　C. 3 个月　　D. 5 个月

33. 企业所得税纳税期限是（　　）。

A. 按期纳税　　B. 按次纳税

C. 按年计征、分期预缴　　D. 按季计征、分次预缴

34. 非居民企业在中国境内未设立机构、场所的或者虽设立机构、场所但取得的所得与其所设机构、场所没有实际联系的，应当就其来源于中国境内的所得缴纳企业所得税，以（　　）为纳税地点。

A. 扣缴义务人所在地　　B. 实际管理机构所在地

C. 选择其主要场所汇总缴纳　　D. 机构场所所在地

35. 甲企业于 2022 年 9 月 3 日开业，该企业的纳税年度时间为（　　）。

A. 2022 年 9 月 3 日至 2022 年 12 月 31 日

B. 2022 年 9 月 3 日至 2023 年 9 月 3 日

C. 2022 年 1 月 1 日至 2022 年 12 月 31 日

D. 由纳税人自己选择

三、多项选择题

1. 根据企业所得税法律制度的规定，下列所得中，属于企业所得税征税对象的有（　　）。

A. 居民企业来源于中国境内的所得

B. 居民企业来源于中国境外的所得

C. 在中国境内未设立机构、场所的非居民企业来源于中国境外的所得

D. 在中国境内设立机构、场所且取得所得与所设机构、场所有实际联系的非居民企业来源于中国境内的所得

2. 根据企业所得税法律制度的规定，下列企业中，适用25%企业所得税税率的有（　　）。

A. 在中国境内设立的居民企业

B. 在中国境内未设立机构、场所的非居民企业

C. 在中国境内设有机构、场所，且取得所得与所设机构、场所有实际联系的非居民企业

D. 在中国境内设有机构、场所，但取得的所得与其所设机构、场所没有实际联系的非居民企业

3. 下列关于确定所得来源地的表述，正确的有（　　）。

A. 不动产转让所得按照不动产所在地确定

B. 租金所得按照负担、支付所得的企业或者机构、场所所在地确定

C. 提供劳务所得按照劳务发生地确定

D. 股息、红利所得按照取得股息的企业所在地确定

4. 下列选项中，属于能享受企业所得税税收优惠政策的有（　　）。

A. 外国政府向中国政府提供贷款取得的利息所得

B. 企业购置并实际使用规定的环境保护、节能节水、安全生产等专用设备的

C. 企业以《资源综合利用企业所得税优惠目录》规定的资源作为主要原材料，生产国家非限制和禁止的产品

D. 安置残疾人员所支付的工资

5. 下列选项中，属于不征税收入的有（　　）。

A. 财政拨款

B. 国债利息收入

C. 符合条件的居民企业之间的股息、红利等权益性投资收益

D. 依法收取并纳入财政管理的行政事业性收费、政府性基金

6. 下列选项中，属于在计算企业所得税应纳税所得额时不准扣除的有（　　）。

A. 支付的合同违约金　　B. 向投资者支付的股息

C. 向税务机关缴纳的税收滞纳金　　D. 向公安部门缴纳的交通违章罚款

7. 根据企业所得税法律制度的规定，下列关于收入确认的表述，正确的有（　　）。

A. 销售商品需要安装和检验的，在收到款项时确认收入

B. 销售商品采用托收承付方式的，在办妥托收手续时确认收入

C. 销售商品采用支付手续费方式委托代销的，在收到代销清单时确认收入

D. 销售商品采用预收款方式的，在发出商品时确认收入

8. 根据企业所得税法律制度的规定，在计算企业所得税应纳税所得额时准予扣除的税金有（ ）。

A. 印花税　　B. 增值税

C. 企业所得税　　D. 耕地占用税

9. 在计算企业所得税应纳税所得额时，下列支出中不得扣除的有（　　）。

A. 赞助支出　　B. 税收滞纳金

C. 企业所得税税款　　D. 增值税税款

10. 下列企业发生的支出中，在计算企业所得税应纳税所得额时涉及计算扣除标准的有（　）。

A. 业务招待费支出　　B. 公益性捐赠支出

C. 赞助支出　　D. 广告宣传费支出

11. 根据企业所得税法律制度的规定，下列企业缴纳的保险金可以在税前直接扣除的有（　　）。

A. 为特殊工种的职工支付的人身安全保险费

B. 企业职工因公出差乘坐交通工具发生的人身意外保险费

C. 为投资者或者职工支付的商业保险费

D. 按照国家规定的标准，为员工缴纳的补充养老保险金

12. 根据企业所得税法律制度的规定，超过税法规定的扣除标准后，准予在以后纳税年度结转扣除的有（　　）。

A. 业务招待费　　B. 职工教育经费

C. 职工福利费　　D. 广告费和业务宣传费

13. 某企业 2023 年利润总额为 1 500 万元，工资、薪金支出为 1 000 万元，下列支出中，允许在计算 2023 年企业所得税应纳税所得额时全额扣除的有（　　）。

A. 公益性捐赠支出 200 万元　　B. 职工福利费支出 120 万元

C. 职工教育经费支出 96 万元　　D. 职工工会经费支出 16 万元

四、判断题

1. 居民企业应当就其来源于中国境内、境外的全部所得缴纳企业所得税；非居民企业应当就其来源于中国境内的所得缴纳企业所得税。（　　）

2. 在中国境内设立机构、场所且取得的所得与其所设机构、场所有实际联系的非居民企业，应当就其来源于中国境内、境外的所得缴纳企业所得税，适用税率为 25%。（　　）

3. 按照企业所得税法律制度的规定，企业提取的用于环境保护、生态恢复等方面的专项资金，准予扣除。上述专项资金提取后改变用途的，不得扣除。（　　）

4. 不征税收入只是当前政府给予的税收优惠，以后还是有可能需要纳税的。（ ）

5. 茶的种植属于企业所得税的免税项目。（ ）

6. 企业采取产品分成方式取得收入的，按照企业分得产品的日期确认收入的实现，其收入额按照产品的公允价值确定。（ ）

7. 企业为特殊工种职工支付的人身安全保险费，不得在计算企业所得税的应纳税所得额时扣除。（ ）

8. 企业因存货盘亏、毁损、报废等原因造成的存货损失与进项税额损失可以全部在税前扣除。（ ）

9. 企业以《资源综合利用企业所得税优惠目录》规定的资源作为主要原材料，生产国家非限制和禁止并符合国家和行业相关标准的产品取得的收入，免征企业所得税。（ ）

10. 非金融企业向非金融企业贷款的利息支出可在计算应纳税所得额时据实扣除。（ ）

11. 企业某一纳税年度发生的亏损可以用下一年度的所得弥补，下一年度的所得不足以弥补的，可以逐年延续弥补，但最长不得超过 10 年。（ ）

12. 在中国境内未设立机构、场所的非居民企业取得来源于中国境内的所得，以扣缴义务人所在地为企业所得税纳税地点。（ ）

13. 按月或季预缴企业所得税的纳税人，应当在月份或季度终了后 30 日内向税务机关报送预缴企业所得税纳税申报表，预缴税款。（ ）

14. 企业依法清算时，应当以清算期间作为一个纳税年度。（ ）

15. 企业在年中终止经营活动的，应当自实际经营终止之日起 5 个月内，向税务机关办理当期企业所得税汇算清缴。（ ）

五、简答题

1. 计算企业所得税应纳税所得额时，不得计算折旧扣除的固定资产有哪些？

2. 简述免征企业所得税的企业项目所得以及减半征收企业所得税的企业项目所得。

3. 简述创业投资企业可以享受的企业所得税税收优惠政策。

4. 简述居民企业和非居民企业的企业所得税纳税地点的确定方法。

六、计算分析题

1. 某空调生产企业 2023 年发生工资总额为 600 万元，当年发生的工会经费为 15 万元、职工福利费为 80 万元、职工教育经费为 40 万元。计算该企业 2023 年企业所得税应纳税所得额时准予扣除的职工工会经费、职工福利费、职工教育经费金额及调整金额。

2. 红日公司为一家居民企业，主要从事化工产品的生产和销售业务。其 2023 年度有关经营情况如下：取得销售商品收入 9 000 万元，提供修理劳务收入 500 万元，出租包装物收入 60 万元；本年度发生符合条件的广告费支出为 1 380 万元，已知上年度尚未扣除的、符合条件的广告费支出为 50 万元。

要求：计算红日公司 2023 年度企业所得税应纳税所得额税前准予扣除的广告费支出金额。

3. 诚扬公司是一家居民企业，主要从事空调的生产和销售业务，2023 年度实现利润总额 160 万元，取得产品销售收入 720 万元，发生合理工资、薪金总额 200 万元，其中，职工福利费支出 30 万元，职工教育经费 20 万元、拨缴工会经费 1.5 万元；发生业务招待费支出 5.4 万元；通过公益性社会组织向灾区捐款 13 万元。公司适用企业所得税税率为 25%。

要求：

（1）计算该公司允许税前扣除的“三项”经费支出和需要调整的金额。

（2）计算该公司允许税前扣除的业务招待费支出和需要调整的金额。

（3）计算该公司允许税前扣除的捐赠支出和需要调整的金额。

（4）计算该公司企业所得税应纳税所得额。

（5）计算该公司应纳企业所得税税额。

4. 甲企业为居民企业，主要从事家用电器的生产和销售业务。其2023年度有关经营情况如下：

（1）销售家用电器取得收入1 600万元，出租设备取得租金收入520万元；

（2）提供技术咨询服务取得对方抵付的实物资产，公允价值为80万元；

（3）发生与生产经营活动有关的业务招待费支出60万元；

（4）通过县级以上人民政府向灾区捐赠50万元，直接向某中学捐赠10万元；

（5）发生符合税收优惠条件的技术所有权转让，取得转让收入620万元，发生与之相关的转让成本及税费46万元；

（6）全年利润总额为750万元。

要求：

（1）计算该企业的销售（营业）收入。

（2）计算该企业准予扣除的业务招待费支出。

（3）计算该企业准予扣除的公益性捐赠支出。

（4）计算该企业准予扣除的技术所有权转让所得对应纳税所得额的影响。

（5）计算该企业应纳企业所得税税额。

5. 乙企业是一家居民企业，2023 年度生产经营情况如下：

（1）取得主营业务收入 920 万元，与收入相匹配的销售成本为 400 万元（含支付给残疾职工工资 10 万元），实际缴纳增值税 140 万元，税金及附加 16 万元；

（2）其他业务收入 80 万元，与其相对应的其他业务成本为 25 万元；

（3）销售费用 300 万元，其中含广告费 160 万元、业务宣传费 10 万元；

（4）管理费用 100 万元，其中含业务招待费 20 万元，支付给母公司管理费 5 万元；

（5）财务费用 15 万元，其中含向非金融机构（非关联方）借款 1 年的利息支出 5 万元，借款年利率为 10%（银行同期同类贷款年利率为 6%）；

（6）营业外支出 10 万元，其中，向遭受自然灾害的地区直接捐款 4 万元，违法经营罚款 2 万元，税收滞纳金 1 万元，支付合同违约金 3 万元；

（7）投资收益 19 万元，其中直接投资居民企业取得税后利润 14 万元，国债利息收入 5 万元；

（8）该企业已预缴企业所得税 30 万元。

要求：计算该企业应补（退）缴的企业所得税税额。

项目六 个人所得税的计算与申报

一、填空题

1. 个人所得税的纳税义务人，按照________和____________两个标准，分为居民纳税义务人和非居民纳税义务人。

2. 居民纳税义务人，是指在中国境内有住所，或者无住所而一个纳税年度内在中国境内居住累计满________天的个人。

3. 居民个人取得的________________、_________________、_________________、________________属于综合所得，按纳税年度合并计算个人所得税。综合所得适用的税率为______________________。

4. 经营所得适用的税率为_________________________。

5. 个人所得税的各项应税所得项目中，__________________，______________、______________、______________适用比例税率，税率为20%。

6. 居民个人的综合所得，以每一个纳税年度的收入额减除费用____________元以及____________、____________、依法确定的其他扣除和公益慈善事业捐赠后的余额，为应纳税所得额。

7. 财产租赁所得，以________内取得的收入为一次。

8. 扣缴义务人向居民个人支付工资、薪金所得时，应当按照____________计算预扣税款，并按月办理全员全额扣缴申报。

9. 个人所得税的纳税申报方法主要有两种：一是______________，二是___________。

10. 需要办理汇算清缴的纳税人，应当在取得所得的次年________________内，办理汇算清缴。

二、单项选择题

1. 下列选项中，不属于个人所得税纳税人的是（　　）。

A. 个人独资企业的投资者个人　　B. 一人有限责任公司

C. 个体工商户　　D. 合伙企业中的自然人合伙人

2. 下列情形中，免征个人所得税的是（　　）。

A. 陈某取得所在公司发放的销售业绩奖金

B. 杨某获得县教育部门颁发的教育方面的奖金

C. 王某获得省政府颁发的科研方面的奖金

D. 李某取得所在单位发放的年终奖

3. 李先生购买体育彩票中奖 15 000 元，他应按（　　）税率计算缴纳个人所得税。

A. 10%　　B. 20%　　C. 30%　　D. 40%

4. 下列选项中，属于稿酬所得的是（　　）。

A. 记者在本单位刊物上发表文章取得的报酬

B. 提供著作的版权而取得的报酬

C. 将国外的作品翻译出版取得的报酬

D. 书画家出席现场泼墨书写取得的收入

5. 扣缴义务人向居民个人支付（　　）所得时应当按照累计预扣法计算预扣税款。

A. 工资、薪金　　B. 经营　　C. 财产转让　　D. 劳务报酬

6. 王某从出版社一次性取得稿酬收入 50 000 元，该出版社应预扣预缴的个人所得税税额是（　　）元。

A. 4 200　　B. 7 000　　C. 5 600　　D. 4 480

7. 根据个人所得税法律制度的规定，下列个体工商户发生的支出中，在计算个人所得税应纳税所得额时不得扣除的是（　　）。

A. 非广告性的赞助支出

B. 合理的劳动保护支出

C. 实际支付给从业人员的合理的工资、薪金支出

D. 按规定缴纳的财产保险费

8. 老赵购买福利彩票支出 500 元，取得中奖收入 15 000 元，其应缴纳个人所得税税额为（　　）元。

A. 2 900　　B. 750　　C. 3 000　　D. 725

9. 李某是我国的农业专家，2023 年 11 月向某公司提供了一项专利技术，一次取得专利技术使用费 40 000 元，该公司应预扣预缴李某个人所得税税额为（　　）元。

A. 4 480　　B. 6 400　　C. 7 840　　D. 6 272

10. 根据个人所得税法律制度的规定，下列情形中，以 1 个月内取得的收入为一次计算缴纳个人所得税的是（　　）。

A. 李某将小说在某报刊上连载 6 个月，每月取得稿酬收入 1 500 元

B. 张某购买彩票，中奖收入为 8 000 元

C. 赵某将一项专利转让给甲企业使用 1 年，专利使用费分 3 个月收取，每月 10 000 元

D. 王某出租住房 1 套，租期为 1 年，每月收取租金 3 000 元

11. 王某 2023 年取得特许权使用费两次，一次收入为 3 000 元，另一次收入为 4 500 元。王某两次特许权使用费所得应预扣预缴的个人所得税税额为（　　）元。

A. 1 160　　B. 1 200　　C. 1 340　　D. 1 500

12. 2023 年 6 月王某出租商铺取得当月租金收入 8 000 元（不含增值税），租赁过程中缴纳的税费为 968 元，发生商铺修缮费用 1 000 元，则王某当月出租商铺应缴纳个人所

得税税额是（　　）元。

A. 965.12　　B. 1 280　　C. 997.12　　D. 1 120

13. 2023 年 10 月，李某购买福利彩票，中奖收入 3 万元，他购买彩票支出 400 元，则李某中奖收入应缴纳个人所得税税额是（　　）元。

A. 4 800　　B. 5 920　　C. 6 000　　D. 4 736

14. 根据个人所得税法律制度的规定，下列选项中以一个月内取得的收入为一次的是（　　）。

A. 偶然所得　　B. 利息、股息、红利所得

C. 财产租赁所得　　D. 财产转让所得

15. 张某任职于国内某高科技公司，2023 年 10 月受邀在 A 大学授课一次，取得劳务报酬所得 7 200 元，自行负担交通费 200 元。则张某当月该笔劳务报酬所得应预扣预缴个人所得税税额是（　　）元。

A. 1 400　　B. 1 440　　C. 1 152　　D. 1 120

16. 2022 年 3 月，周某购买福利彩票中奖 20 000 元，他将其中 5 000 元通过国家机关向希望工程捐赠。则周某中奖收入应缴纳个人所得税税额是（　　）元。

A. 3 000　　B. 4 000　　C. 5 000　　D. 3 750

17. 高某在国内某高校任职，2023 年 1 月他出版了一本图书，取得稿酬 15 000 元。高某在计算当年综合所得的应纳税所得额时，该项稿酬所得的收入额是（　　）元。

A. 15 000　　B. 12 000　　C. 8 400　　D. 10 500

18. 根据个人所得税法律制度的规定，下列选项中应缴纳个人所得税的是（　　）。

A. 公务员王某取得的国债利息

B. 作家张某转让著作权所得

C. 退休职工林某取得的按国家统一规定发放的基本养老金

D. 企业职工从所任职的破产企业取得的一次性安置费收入

19. 根据个人所得税法律制度的规定，下列选项中可以不缴纳个人所得税的是（　　）。

A. 劳动分红

B. 个人银行储蓄存款利息所得

C. 个人转让自用 3 年并且是唯一的家庭生活用房取得的所得

D. 个人出租住房取得的租金

20. 下列关于个人所得税征收管理的表述，不正确的是（　　）。

A. 居民个人取得综合所得，按月计算个人所得税；有扣缴义务人的，由扣缴义务人按月或者按次预扣预缴税款

B. 非居民个人在中国境内从两处以上取得工资、薪金所得的，应当在取得所得的次月 15 日内申报纳税

C. 纳税人因移居境外注销中国户籍的，应当在注销中国户籍前办理税款清算

D. 居民个人从中国境外取得所得的，应当在取得所得的次年 3 月 1 日至 6 月 30 日内申报纳税

三、多项选择题

1. 根据个人所得税法律制度的规定，下列个人所得中，不论支付地点是否在境内，均为来源于中国境内所得的有（　　）。

A. 转让境内房产取得的所得

B. 许可专利权在境内使用取得的所得

C. 因任职在境内提供劳务取得的所得

D. 将财产出租给承租人在境内使用取得的所得

2. 根据个人所得税法律制度的规定，下列选项中，属于专项附加扣除的有（　　）。

A. 继续教育支出　　B. 住房贷款利息支出

C. 基本养老保险　　D. 子女教育支出

3. 根据个人所得税法律制度的规定，下列各项所得中，属于综合所得的有（　　）。

A. 工资、薪金所得　　B. 偶然所得

C. 财产租赁所得　　D. 劳务报酬所得

4. 根据个人所得税法律制度的规定，下列个人取得的收入中，应按照“劳务报酬所得”计征个人所得税的有（　　）。

A. 某职员取得的本单位优秀员工奖金

B. 某高校教师从任职学校领取的工资

C. 某工程师从非雇佣企业取得的咨询收入

D. 某保险营销代理员取得的佣金收入

5. 下列选项中，应按“财产转让所得”计征个人所得税的有（　　）。

A. 转让机器设备所得

B. 提供著作权的使用权所得

C. 转让股权所得

D. 提供非专利技术使用权所得

6. 下列张某所得免予征收或不征收个人所得税的有（　　）。

A. 出租住房租金收入 9 000 元　　B. 保险赔款 50 000 元

C. 国债利息收入 3 560 元　　D. 购买彩票中奖 5 000 元

7. 根据个人所得税法律制度的规定，下列选项中，属于综合所得计算应纳税所得额时可以扣除的有（　　）。

A. 赵某 5 岁儿子和 4 岁女儿的学前教育支出

B. 钱某使用商业贷款购买商铺所发生的贷款利息支出

C. 孙某赡养 65 岁父亲的支出

D. 李某在青岛市区拥有一套住房，因距公司较远，其在工作地附近租房所发生的租金支出

8. 张某 2022 年 1 月取得房屋租金收入 6 000 元（不含增值税），房屋租赁过程中缴纳了可以税前扣除的相关税费 240 元，支付该房屋的修缮费 500 元、购房贷款 2 200 元、供暖费

2 300 元。在计算房屋租金收入应缴纳个人所得税税额时，准予扣除的支出有（　　）。

A. 供暖费 2 300 元　　　　B. 相关税费 240 元

C. 购房贷款 2 200 元　　　　D. 房屋修缮费 500 元

9. 张某为个体工商户业主，主要从事汽车修理业务。在计算张某 2023 年度经营所得个人所得税应纳税所得额时，下列支出不得扣除的有（　　）。

A. 雇员工资 90 000 元

B. 张某本人工资 120 000 元

C. 为妻子购买轿车支出 100 000 元

D. 独生女课外辅导班支出 30 000 元

10. 根据个人所得税法律制度的规定，下列情形中应当按照规定依法办理纳税申报的有（　　）。

A. 居民王某取得应税所得没有扣缴义务人

B. 居民赵某从中国境外取得股息所得

C. 非居民杰瑞在中国境内从两处以上取得工资、薪金所得

D. 居民周某因移居境外注销中国户籍

四、判断题

1. 外籍人员约翰 2022 年 7 月 24 日受邀来中国工作，2023 年 2 月 15 日结束在中国的工作回国，则约翰在 2022 年纳税年度内属于我国个人所得税居民个人。（　　）

2. 中国居民张某在境外工作，只就来源于中国境外的所得征收个人所得税。（　　）

3. 个人对事业单位转包、转租取得的所得属于“经营所得”。（　　）

4. 对个人转让非货币性资产的所得，按照“利息、股息、红利所得”项目计算缴纳个人所得税。（　　）

5. 个人将其所得对教育、扶贫、济困等公益慈善事业进行捐赠，捐赠额未超过纳税人申报收入额 30%的部分，可以从其应纳税所得额中扣除。国务院规定对公益慈善事业捐赠实行全额税前扣除的，从其规定。（　　）

6. 个人取得的劳务报酬所得、稿酬所得、特许权使用费所得，属于一次性收入的，以取得该项收入为一次；属于同一项目连续性收入的，以一个月内取得的收入为一次。（　　）

7. 对个人购买福利彩票、体育彩票，一次性中奖收入在 1 万元以下的（含 1 万元），暂免征收个人所得税；超过 1 万元的，按超出部分计算征收个人所得税。（　　）

8. 纳税人取得经营所得，按年计算个人所得税，由纳税人在月度或者季度终了后 15 日内向税务机关报送纳税申报表，并预缴税款；在取得所得的次年 5 月 31 日前办理汇算清缴。（　　）

9. 在两处或两处以上取得综合所得，且综合所得年收入额减去专项扣除的余额超过 6 万元的，需要办理汇算清缴。（　　）

10. 对国家发行的金融债券利息所得免征个人所得税。（　　）

五、简答题

1. 简述个人所得税的征税对象所包含的项目及其适用的税率。

2. 简述居民个人综合所得汇算清缴的步骤。

3. 简述个人所得税需自行纳税申报的情形。

六、计算分析题

1. 小李是甲公司的销售经理，2023 年 1 月的工资、薪金收入为 26 000 元，缴纳三险一金等 4 600 元；2023 年 2 月，小李取得工资、薪金收入为 28 000 元，缴纳三险一金等 4 600 元。小李有一个儿子在上幼儿园，父母均已年过 60 岁，且小李为独生子。计算甲公司 1 月和 2 月应为小李预扣预缴的个人所得税。

2. 小王是独生子，单身，在 B 公司财务部工作。2023 年度取得工资收入 80 000 元；他在某教育机构兼职授课取得收入 40 000 元；业余出版小说一部，取得稿酬 60 000 元；转让小说著作改编权，取得特许权使用费收入 20 000 元。已知小王个人全年缴纳“三险一金”20 000 元，当年可以享受赡养老人支出的专项附加扣除为 36 000 元，假设无其他扣除项目，计算小王 2023 年度应缴纳的个人所得税。

3. 赵某是一名自由职业者，2023 年 1 月收入情况如下：

（1）在某文学网站发表连载小说，当月获得稿酬 20 000 元；

（2）出租一套自有住房，当月取得租金收入 3 800 元，财产租赁过程中缴纳的税费为 152 元，发生修缮费 600 元，已知个人出租住房暂减按 10%的税率征收个人所得税；

（3）将一套 3 年前购入的普通住房出售，取得收入 160 万元，房屋原值为 120 万元，售房中发生合理费用 0.5 万元；

（4）购买的企业债券取得利息 5 000 元；

（5）购买体育彩票中奖 500 元。

要求：计算赵某当月应缴纳的个人所得税。

4. 王某为甲公司研发人员，其独生子正在读小学，子女教育专项附加扣除由王某按扣除标准的 100%扣除。2023 年度王某有关收支情况如下：

（1）每月工资、薪金所得 20 000 元，每月缴纳的基本养老保险费、基本医疗保险费、失业保险费、住房公积金共计 3 900 元，1—11 月工资、薪金所得累计已预扣预缴个人所得税税额 7 490 元；

（2）8 月为乙公司提供技术服务，取得一次性劳务报酬 5 000 元；

（3）10 月出版一部教材，取得稿酬 10 000 元；

（4）取得国债利息收入 1 750 元；

（5）12 月取得全年一次性奖金 60 000 元。

要求：

（1）计算王某 12 月工资、薪金所得应预扣预缴的个人所得税税额。

（2）计算王某 8 月一次性劳务报酬应预扣预缴的个人所得税税额。

（3）计算王某 10 月稿酬所得应预扣预缴的个人所得税税额。

（4）计算王某全年一次性奖金应预扣预缴的个人所得税税额。

（5）计算王某 2023 年度全年汇算清缴个人所得税税额。

5. 张某为个体工商户业主，主要从事汽车修理业务。2023 年度有关收支情况如下：

（1）取得汽车修理收入 1 000 000 元；

（2）发生成本、费用 350 000 元，其中包括雇员工资 90 000 元、张某本人工资 120 000 元；

（3）张某的独生女正在读小学，课外辅导班支出 30 000 元，为妻子购买轿车支出 100 000 元。

已知：张某当年没有综合所得，各项专项扣除为 27 000 元，子女教育专项附加扣除由张某按扣除标准的 100% 扣除。

要求：计算张某 2023 年度经营所得应缴纳的个人所得税。

项目七　其他税种的计算与申报

一、填空题

1. 资源税是对在中华人民共和国境内和其管辖的其他海域______________的单位和个人征收的一种税。

2. 土地增值税是对转让_________________、地上建筑物及其附着物并取得收入的单位和个人，就其转让房地产所取得的___________征收的一种税。

3. 城镇土地使用税是以开征范围内的___________为征税对象，以________________为计税标准，对拥有土地使用权的单位和个人征收的一种资源税。

4. 耕地占用税在税率设计上采用了_________________。

5. 房产税税率采用__________。计税依据是房产的__________或房产的__________。

6. 契税是以___________发生转移变动的不动产为征税对象，向产权___________征收的一种财产税。

7. 计算车船税应纳税额时，乘用车、商用客车和摩托车，以________为计税依据；商用货车、专用作业车和轮式专用机械车，按_____________为计税依据；机动船舶、非机动驳船、拖船，按___________为计税依据；游艇，按___________为计税依据。

8. 车辆购置税的计税价格根据不同情况，按照相关规定确定，其中纳税人进口自用应税车辆的计税价格，为_______________加上________和___________。

9. 城市维护建设税税率实行分区域的差别比例税率，即按纳税人所在城市、县城或镇等不同的行政区域分别规定不同的比例税率。具体规定为：纳税人所在地在市区的，税率为_____；纳税人所在地在县城、镇的，税率为_____；纳税人所在地不在市区、县城或者镇的，税率为______。

10. 在中华人民共和国境内_______________、________________的单位和个人，为印花税的纳税人，应当依法缴纳印花税。

二、单项选择题

1. 根据资源税法律制度的规定，下列选项中，不属于资源税征税范围的是（　　）。

A. 天然卤水　　B. 原油　　C. 天然气　　D. 植物资源

2. 某集团公司为煤炭企业，主营原煤、洗选煤的生产与销售。公司 2 月将 8 万吨自产原煤加工成洗选煤，然后对外销售。下列关于资源税征收管理的表述，不正确的是（　　）。

A. 将自采原煤加工成洗选煤的，在移送使用时缴纳资源税

B. 在洗选煤销售时缴纳资源税

C. 该集团应当向煤炭开采地主管税务机关缴纳税款

D. 如果该集团按月申报缴纳资源税，应当自月度终了之日起15日内申报纳税

3. 某企业为矿石开采企业，1月开采并销售原矿100吨，取得不含增值税收入500万元，另将1吨自采原矿打磨为商业展示用的工艺品。假设该类原矿适用的资源税税率为6%，该企业当月应缴纳资源税是（　　）万元。

A. 30　　B. 30. 3　　C. 33. 9　　D. 34. 24

4. 下列税种中，采用超率累进税率的是（　　）。

A. 个人所得税　　B. 土地增值税

C. 印花税　　D. 城镇土地使用税

5. 下列选项中，不属于土地增值税纳税人的是（　　）。

A. 以房产抵债的某工业企业

B. 出租写字楼的某外资房地产开发公司

C. 转让商业用房的个人

D. 转让国有土地使用权的某大学

6. 根据土地增值税法律制度的规定，下列表述不正确的是（　　）。

A. 纳税人转让房地产取得的应税收入，包括货币收入、实物收入和其他收入

B. 因国家建设需要依法征收、收回的房地产免征土地增值税

C. 土地增值税的扣除项目中，前期工程费不包括“三通一平”的支出

D. 纳税人建造普通标准住宅出售，增值额未超过扣除项目金额20%的，予以免税

7. 根据城镇土地使用税法律制度的规定，下列土地中，不征收城镇土地使用税的是（　　）。

A. 位于农村的集体所有土地

B. 位于工矿区的集体所有土地

C. 位于县城的国家所有土地

D. 位于城市的公园内索道公司的经营用地

8. 城镇土地使用税采用的税率形式是（　　）。

A. 全省统一的定额税率　　B. 各纳税区域统一的比例税率

C. 规定幅度税额的定额税率　　D. 规定幅度税额的比例税率

9. 佳和商贸公司位于市区，实际占用土地面积为5 000平方米，其中办公区占地4 000平方米，生活区占地1 000平方米；该公司还有一个位于农村的仓库，租给公安局使用，实际占用面积为15 000平方米。已知城镇土地使用税适用税率每平方米税额为5元，则佳和商贸公司全年应缴纳城镇土地使用税税额是（　　）元。

A. 25 000　　B. 100 000

C. 95 000　　D. 20 000

10. 农民赵某经批准在户籍所在地占用一块耕地建造住宅作为自己的婚房，对赵某的上述行为应征收耕地占用税，下列关于耕地占用税征收的表述正确的是（　　）。

A. 免征　　　　　　　　　　　　　　　B. 减按 2 元/平方米征收

C. 减半征收　　　　　　　　　　　　　D. 加征 50%

11. 根据耕地占用税法律制度的规定，下列情形中，不缴纳耕地占用税的是（　　）。

A. 占用渔业水域滩涂建设海上乐园的

B. 占用林地修建农田水利设施的

C. 占用养殖水面建设城市公园的

D. 占用耕地建设经济技术开发区的

12. 下列选项中，不缴纳耕地占用税的是（　　）。

A. 占用市区工厂土地建设商品房　　　B. 占用市郊菜地建设公路

C. 占用牧草地建设厂房　　　　　　　D. 占用果园建设旅游度假村

13. 根据房产税法律制度的规定，下列房屋中，不属于房产税征税范围的是（　　）。

A. 城市的房屋　　B. 农村的房屋　　C. 建制镇的房屋　　D. 县城的房屋

14. 根据房产税法律制度的规定，下列房产中，不属于房产税免税项目的是（　　）。

A. 个人出租的住房　　　　　　　　　B. 军队自用的房产

C. 高校学生公寓　　　　　　　　　　D. 宗教寺庙自用的房产

15. 下列关于房产税纳税人的表述，不符合法律制度规定的是（　　）。

A. 房屋出租的，承租人为纳税人

B. 房屋产权所有人不在房产所在地的，房产代管人为纳税人

C. 房屋产权属于国家的，其经营管理单位为纳税人

D. 房屋产权未确定的，房产代管人为纳税人

16. 根据契税法律制度的规定，下列选项中属于契税纳税人的是（　　）。

A. 受让土地使用权的单位　　　　　　B. 出租房屋的个人

C. 承租房屋的个人　　　　　　　　　D. 转让土地使用权的单位

17. 下列关于契税计税依据的表述，不符合法律制度规定的是（　　）。

A. 受让土地使用权的，以成交价格为计税依据

B. 受赠房屋的，由征收机关参照房屋买卖的市场价格规定计税依据

C. 购入土地使用权的，以评估价格为计税依据

D. 互换土地使用权的，以互换土地使用权的价格差额为计税依据

18. 李某有面积为 130 平方米的住宅一套，价值 96 万元。王某有面积为 120 平方米的住宅一套，价值 72 万元。两人进行房屋互换，差价部分王某以现金补偿李某。已知契税适用税率为 3%，王某应缴纳契税税额是（　　）万元。

A. 5.04　　B. 2.88　　C. 2.16　　D. 0.72

19. 根据车船税法律制度的规定，下列选项中，不属于车船税征税范围的是（　　）。

A. 挂车　　B. 纯电动乘用车　　C. 商用车　　D. 摩托车

20. 车船税的纳税义务发生时间为（　　）。

A. 车船管理部门核发的车船登记证书或者行驶证书所记载日期的次月

B. 车船管理部门核发的车船登记证书或者行驶证书所记载日期的当月

C. 投入使用的当月

D. 购置的当年

21. 根据车船税法律制度的规定，下列关于车船税纳税申报的表述，不正确的是（　　）。

A. 扣缴义务人已代收代缴车船税的，纳税人不再向车辆登记地的主管税务机关申报缴纳车船税

B. 车船税的纳税地点为车船的登记地或者车船税扣缴义务人所在地

C. 从事机动车第三者责任强制保险业务的保险机构可以作为机动车车船税的扣缴义务人

D. 车船税是在购置时一次性征收

22. 根据车辆购置税法律制度的规定，下列选项中属于车辆购置税纳税人的是（　　）。

A. 购买自行车并自用的个人

B. 进口小汽车对外出售的单位

C. 自产汽车挂车对外出售的单位

D. 获奖取得排气量 160 毫升的摩托车并自用的个人

23. 车辆购置税的征税范围不包括（　　）。

A. 汽车　　B. 火车

C. 摩托车　　D. 农用运输车

24. 某汽车企业 5 月进口自用小汽车一辆，海关审定的关税完税价格为 60 万元，缴纳关税 15 万元，消费税 25 万元。已知车辆购置税税率为 10%，该企业应缴纳的车辆购置税税额是（　　）万元。

A. 7.5　　B. 8.5　　C. 10　　D. 6

25. 下列关于城市维护建设税征收管理的表述，不正确的是（　　）。

A. 城市维护建设税分别与增值税、消费税同时缴纳

B. 对流动经营等无固定纳税地点的单位和个人，应随同增值税、消费税在经营地纳税

C. 城市维护建设税只能按固定期限纳税

D. 城市维护建设税的纳税期限与增值税、消费税的纳税期限一致

26. 2023 年 6 月甲公司向税务机关实际缴纳增值税 10.3 万元，实际缴纳消费税 20.6 万元。已知教育费附加征收率为 3%，甲公司当月应缴纳教育费附加是（　　）万元。

A. 0.927　　B. 0.309　　C. 0.3　　D. 0.9

27. 某城市乙企业 7 月销售应税货物缴纳增值税 34 万元、消费税 12 万元，出售房产缴纳增值税 10 万元、土地增值税 4 万元。已知该企业所在地适用的城市维护建设税税率为 7%，该企业 7 月应缴纳城市维护建设税是（　　）万元。

A. 4.20　　B. 3.92　　C. 3.22　　D. 2.38

28. 下列选项中，属于印花税纳税义务人的是（　　）。

A. 合同的保证人　　B. 合同的书立人

C. 合同的鉴定人　　D. 证券交易的受让方

29. 根据印花税法律制度的规定，下列关于计税依据的表述，不正确的是（　　）。

A. 借款合同以借款金额为计税依据，不包括增值税税款

B. 证券交易的计税依据为成交金额

C. 产权转移书据的计税依据为所列的金额，包括增值税税款

D. 记载资金的账簿，以营业账簿记载的“实收资本”和“资本公积”两项的合计金额为计税依据

30. 王某将其一栋房产出售给甲公司作为其办公楼，下列关于该项业务涉及相关税费的表述，正确的是（　　）。

A. 转让时王某需缴纳房产税

B. 转让时王某需缴纳契税

C. 转让时王某是土地增值税纳税人

D. 王某与甲公司签订买卖合同，仅需王某缴纳印花税

三、多项选择题

1. 根据资源税法律制度的规定，下列选项中属于资源税征税范围的有（　　）。

A. 地热　　B. 煤层气　　C. 海盐　　D. 人造石油

2. 根据资源税法律制度的规定，下列情形中应缴纳资源税的有（　　）。

A. 煤矿开采原煤用于职工福利　　B. 天然气公司开采天然气对外销售

C. 贸易公司进口原油　　D. 超市销售食盐

3. 下列关于土地增值税的表述，正确的有（　　）。

A. 国有土地使用权出让行为不征税

B. 土地增值税只对转让土地使用权的行为征税，对转让地上建筑物及其他附着物产权的行为不征税

C. 对以继承等方式无偿转让的房地产，不予征税

D. 对于一方出地，另一方出资金，双方合作建房，建成后转让的，暂免征收土地增值税

4. 在计算土地增值税计税依据时，应列入房地产开发成本的有（　　）。

A. 土地出让金　　B. 前期工程费

C. 耕地占用税　　D. 公共配套设施费

5. 下列关于城镇土地使用税纳税人的表述，符合法律制度规定的有（　　）。

A. 拥有土地使用权的单位或者个人为纳税人

B. 拥有土地使用权的单位或者个人不在土地所在地的，以代管人或者实际使用人为纳税人

C. 土地使用权未确定或权属纠纷未解决的，暂不缴纳城镇土地使用税

D. 土地使用权共有的，以共有各方为纳税人

6. 根据城镇土地使用税法律制度的规定，下列选项中免征城镇土地使用税的有（　　）。

A. 直接用于农、林、牧、渔业的生产用地

B. 市政街道、广场、绿化地带等公共用地

C. 名胜古迹自用的土地

D. 国家机关、人民团体、军队自用的土地

7. 根据耕地占用税法律制度的规定，下列选项中免征耕地占用税的有（　　）。

A. 建设公立学校教学楼占用耕地

B. 依法登记的福利机构建设占用耕地

C. 建设飞机场跑道占用的耕地

D. 农村居民在规定用地标准以内占用耕地新建自用住宅

8. 下列关于耕地占用税税率的表述，正确的有（　　）。

A. 采用地区差别幅度定额税率形式

B. 占用基本农田的，应当按照适用税额的150%加计征收

C. 人均耕地低于0.5亩的地区，可以适当提高耕地占用税的适用税额

D. 占用农田水利用地建设建筑物的，依法缴纳耕地占用税

9. 根据房产税法律制度的规定，下列选项中符合房产税纳税人规定的有（　　）。

A. 将房屋产权出典的，承典人为纳税人

B. 房屋产权属于国家所有的，不缴纳房产税

C. 房屋产权未确定的，房产代管人或使用人为纳税人

D. 融资租赁的房产，由承租人缴纳房产税

10. 根据房产税法律制度的规定，下列选项中属于房产税征税范围的有（　　）。

A. 农村物流企业的仓库　　B. 县城商业企业的办公楼

C. 建制镇工业企业的厂房　　D. 市区商场的地下停车场

11. 下列选项中，属于契税征税对象的有（　　）。

A. 土地使用权出让　　B. 土地使用权转让

C. 房屋买卖　　D. 土地承包经营权的转移

12. 根据契税法律制度的规定，下列选项中免征契税的有（　　）。

A. 学校承受土地后用于教学楼的建设

B. 婚姻关系存续期间夫妻之间变更房屋权属

C. 国家机关承受房屋用于办公

D. 纳税人承受荒山土地使用权用于农业生产

13. 根据车船税法律制度的规定，下列车船中应缴纳车船税的有（　　）。

A. 商用客车

B. 养殖、捕捞渔船

C. 警用车船

D. 依法不需要在车船登记管理部门登记的在单位内部场所行驶或者作业的机动车辆和船舶

14. 下列关于车船税计税依据的表述，正确的有（　　）。

A. 商用货车以辆数为计税依据　　B. 商用客车以辆数为计税依据

C. 机动船舶以净吨位数为计税依据　　D. 游艇以艇身长度为计税依据

15. 下列选项中，属于车辆购置税征税范围的有（　　）。

A. 电动自行车　　B. 汽车　　C. 汽车挂车　　D. 有轨电车

16. 下列关于车辆购置税的表述，正确的有（　　）。

A. 购置已征车辆购置税的车辆，不再征收车辆购置税

B. 车辆购置税的纳税义务发生时间为纳税人购置应税车辆的当日

C. 纳税人应当在向公安机关交通管理机构办理车辆登记注册前缴纳车辆购置税

D. 纳税人购置应税车辆，应当向车辆登记地的主管税务机关申报纳税

17. 下列关于城市维护建设税的表述，正确的有（　　）。

A. 由受托方代征代扣增值税、消费税的单位和个人，其代征代扣的城市维护建设税适用受托方所在地的税率

B. 对进口货物缴纳的增值税、消费税税额，不征收城市维护建设税

C. 对出口产品退还增值税、消费税的，应同时退还已缴纳的城市维护建设税

D. 对增值税、消费税实行先征后返、先征后退、即征即退办法的，应同时退还已缴纳的城市维护建设税

18. 市区某制药厂为增值税一般纳税人，10 月经营活动缴纳增值税 130 万元，补缴上月漏缴的增值税 55 万元，则下列表述正确的有（　　）。

A. 本月经营活动应缴纳城市维护建设税 9.1 万元

B. 本月经营活动应缴纳城市维护建设税 9.28 万元

C. 本月应补缴城市维护建设税 3.85 万元

D. 本月应补缴城市维护建设税 2.79 万元

19. 根据印花税法律制度的规定，下列选项中属于印花税征税范围的有（　　）。

A. 证券交易　　B. 土地使用权出让合同

C. 财产保险合同　　D. 商品房销售合同

20. 根据印花税法律制度的规定，适用1‰比例税率的有（　　）。

A. 租赁合同　　B. 财产保险合同　　C. 证券交易　　D. 仓储合同

四、判断题

1. 资源税的纳税人应当在矿产品的销售地或者零售地缴纳资源税。　（　　）

2. 从衰竭期矿山开采的矿产品，资源税减征 30%。　（　　）

3. 通过公益性组织赠与社会公益事业的房地产不应征收土地增值税。　（　　）

4. 对于一方出地，另一方出资金，双方合作建房，建成后按比例分房自用的，双方均应当征收土地增值税。　（　　）

5. 纳税人购置新建商品房，自房屋交付使用当月缴纳城镇土地使用税。　（　　）

6. 经批准开山填海整治的土地和改造的废弃土地，从使用的月份起免缴土地使用税 10~15 年。　（　　）

7. 在人均耕地低于 0.5 亩的地区，耕地占用税加征 50%。　（　　）

8. 经批准占用耕地的，纳税人应当自收到土地管理部门农用地转用批复文件之日起30日内申报缴纳耕地占用税。（　　）

9. 纳税人自行新建房屋用于生产经营，从建成之月起缴纳房产税。（　　）

10. 纳税人出租房屋的，房产税的计税依据为不含增值税的租金收入。（　　）

11. 张某将自有房屋对外出租，不缴纳契税。（　　）

12. 契税的纳税义务发生时间是纳税人签订土地、房屋权属转移合同的当日，或者纳税人取得其他具有土地、房屋权属转移合同性质凭证的当日。（　　）

13. 从事机动车第三者责任强制保险业务的保险机构为机动车车船税的扣缴义务人。（　　）

14. 2023年7月15日，赵某将2016年购买的一辆汽车转让给侯某，已知转让时该车已经由赵某缴纳过2023年度车船税，转让行为完成后，赵某可向当地主管税务机关申请办理车船税税款的退还。（　　）

15. 车辆购置税实行一次征收制度，税款应当一次缴清。（　　）

16. 纳税人购置不需要办理车辆登记注册手续的应税车辆，应当向纳税人所在地的主管税务机关申报纳税。（　　）

17. 对出口产品退还缴纳增值税、消费税的，退还已缴纳的城市维护建设税。海关对进口产品代征的增值税、消费税，不征收城市维护建设税。（　　）

18. 流动经营等无固定纳税地点的单位和个人，在经营地缴纳增值税、消费税的，其城市维护建设税的缴纳按经营地适用税率执行。（　　）

19. 证券交易印花税按周解缴。证券交易印花税扣缴义务人应当自每周终了之日起5日内申报解缴税款以及银行结算的利息。（　　）

20. 对应税凭证，凡由两方或两方以上当事人共同书立的，其当事人各方都是印花税的纳税人，应就其所持凭证的计税金额履行纳税义务。（　　）

五、简答题

1. 简述土地增值税应纳税额的计算步骤。

2. 简述房产税的征税对象及计税方法。

3. 简述契税的征税对象和范围。

4. 简述城市维护建设税的纳税人及计税依据。

六、计算分析题

1. 某油田本月开采原油 80 万吨，销售原油 70 万吨，非生产性自用 5 万吨，在采油过程中有 2 万吨用于加热和修理油井，另有 3 万吨待售。已知该油田每吨原油不含税售价为 5 000 元，适用的资源税税率为 6%。

要求：根据上述材料，计算该油田当月应缴纳的资源税。

2. 某房地产开发公司与某单位于 2023 年 3 月正式签署一幢写字楼转让合同，取得转让收入 15 000 万元。已知该公司为取得土地使用权所支付的地价款和按国家规定交纳的有关费用为 3 000 万元，投入房地产开发成本为 4 000 万元，房地产开发费用中的利息支出为 1 200 万元（不能按转让房地产项目计算分摊利息支出，也不能提供金融机构证明），公司按税法规定缴纳了与该写字楼转让相关的税费 825 万元。已知该公司所在省人民政府规定的房地产开发费用的计算扣除比例为 10%。

要求：根据上述资料，计算该公司转让此写字楼应缴纳的土地增值税。

3. 2023 年，甲公司在青岛实际占地面积共计 10 000 平方米，其中办公区占地 3 000 平方米，生活区占地 1 200 平方米，生产厂房占地 5 000 平方米，公司附属幼儿园占地 800 平方米。公司所处地段适用的城镇土地使用税的单位税额为 3 元/平方米。同年，甲公司与乙企业在济南共同使用面积 8 000 平方米的土地，该土地上共有建筑物 15 000 平方米，甲公司使用其中的 3/5，乙企业使用其中的 2/5。两家企业共同使用土地所处地段适用的城镇土地使用税的单位税额为 4 元/平方米。

要求：根据上述资料，计算甲公司 2023 年度应缴纳的城镇土地使用税。

4. 甲公司 2023 年初账面共有房产原值 4 000 万元，当年房产使用情况如下：

（1）1 月 1 日将一幢原值 800 万元的办公楼对外出租，租期为 5 年，该企业当年取得租金收入 50 万元；

（2）6 月 30 日将原值 200 万元、占地面积 400 平方米的一幢仓库出租给某商场存放货物，7 月 1 日起计租，租期 1 年，每月租金收入为 1.5 万元；

（3）其余房产为经营自用。

已知：当地规定房产税计算余值的扣除比例为 20%。

要求：根据上述资料，计算甲公司 2023 年度应缴纳的房产税。

5. 2017 年张某购置一套住房，成交价格为 70 万元。2021 年张某因工作调动，用该住房换取赵某一套工作地附近的住房，张某支付赵某差价 20 万元，当地契税税率为 3%。

要求：根据上述资料，分析当事人承担的契税纳税义务。

6. A 卷烟厂 4 月缴纳消费税 40 000 元，增值税 30 000 元；因账务问题，当月被查补缴消费税 10 000 元、增值税 5 000 元，并处以罚款 8 000 元，加收滞纳金 600 元。

要求：根据上述资料，计算该卷烟厂 4 月应缴纳的城市维护建设税。

7. 某商贸企业于 2021 年 10 月开业，注册资金 500 万元，当年的经济活动如下：

（1）建账时共设 5 个营业账簿，其中有 1 本资金账簿，记载实收资本 500 万元、资本公积 100 万元；

（2）与甲公司签订了一份买卖合同，支付不含税价款 30 万元；与乙运输公司签订一份货物运输合同，支付运输费 10 万元；

（3）以本公司财产 80 万元作抵押，向某银行借款 100 万元，合同规定年底归还，但该公司因资金周转困难，年底无力偿还借款，遂按合同规定将抵押财产产权转移给该银行，并依法签订了产权转移书据。

已知：买卖合同、运输合同的印花税税率为 0.3‰；产权转移书据的印花税税率为

0.5‰；借款合同的印花税税率为0.05‰，营业账簿的印花税税率为实收资本、资本公积合计金额的0.25‰。

要求：根据上述资料，不考虑其他因素，计算该商贸公司各项应税凭证应缴纳的印花税。

8. 某汽车企业为增值税一般纳税人，主营进口汽车销售业务。该企业11月从境外进口一批小汽车，共计20辆，每辆关税完税价格为20万元，该企业将其中2辆自用（当月取得发票并办理车辆登记），剩余的对外销售。

已知：小轿车关税税率为20%，消费税税率为9%，车辆购置税税率为10%，车船税税额为700元/年。假设该企业此前无自用车辆。

要求：根据上述资料，不考虑其他因素，分析回答下列问题。

（1）该企业需要承担哪些税种的纳税义务？

（2）计算该企业应缴纳的各税种税额。

项目八 税务管理与税款征收

一、填空题

1. 税务登记的主管机关是________税务局，其负责税务登记的设立登记、____________、____________以及非正常户处理、报验登记等有关事项。

2. 从事生产、经营的纳税人应当自领取营业执照或者发生纳税义务之日起____日内，按照国家有关规定设置账簿。

3. 账簿、记账凭证、报表、完税凭证、发票、出口凭证以及其他有关涉税资料应当保存____年。

4. 开具发票的单位和个人应当建立发票使用登记制度，设置______________，并定期向主管税务机关报告发票使用情况。

5. 按照税法规定，纳税人进行纳税申报的方式有______________、______________、______________和其他方式申报。

6. 纳税人因有特殊困难，不能按期缴纳税款的，经批准可以延期缴纳税款，但是最长不得超过____________。

7 现阶段我国可实行的税款征收方式主要有______________、______________、______________、______________。

8. 纳税人未按照规定期限缴纳税款的，税务机关可责令限期缴纳，并从滞纳税款之日起，按日加收滞纳税款________的滞纳金。

9. 为纳税人应当缴纳的税款及滞纳金提供担保的方式有__________、__________、________。

10. 纳税担保的范围包括________、________和____________________的费用。

二、单项选择题

1. 登记制度改革将工商营业执照、组织机构代码证、税务登记证、社会保险登记证、统计登记证等整合到营业执照上，实现“五证合一、一照一码”。下列选项中，属于一照的是（　　）。

A. 统计登记证　　B. 营业执照

C. 组织机构代码证　　D. 税务登记证

2. 甲公司 2023 年 7 月 1 日领取工商营业执照，该公司申报办理税务登记的最后期限是（　　）。

A. 2023 年 7 月 5 日　　B. 2023 年 7 月 10 日

C. 2023 年 7 月 15 日　　D. 2023 年 7 月 30 日

3. 下列选项中，属于增值税专用发票的是（　　）。

A. 农产品收购发票　　B. 二手车销售统一发票

C. 增值税电子普通发票　　D. 机动车销售统一发票

4. 根据税收征收管理法律制度的规定，适用于税源零星分散、流动性大，财务会计制度不健全，生产经营不固定的纳税人的税款征收方式是（　　）。

A. 查定征收　　B. 查验征收　　C. 查账征收　　D. 定期定额征收

5. 甲公司为增值税一般纳税人，按规定应于每月 15 日前申报并缴纳上月税款，而甲公司在规定期限内未办理纳税申报，税务机关向其下达了责令限期改正通知书，至限期满甲公司仍未申报，则税务机关应当（　　）。

A. 采取税收保全措施　　B. 责令甲公司提供纳税担保

C. 派税务人员到甲公司直接征收税款　　D. 核定甲公司应纳税额

6. 通过调查，税务机关发现某公司的纳税申报表上有弄虚作假的情形，税务机关可以采取的税款征收措施是（　　）。

A. 核定其应纳税额　　B. 责令其缴纳税款

C. 税收强制执行措施　　D. 采取税收保全措施

7. 下列选项中，不属于税务担保范围的是（　　）。

A. 罚款　　B. 滞纳金

C. 实现税款、滞纳金的费用　　D. 税款

8. 按照规定，某餐饮企业应于每月 15 日之前缴纳增值税税款，但是 3 月 15 日时，该企业仍有 20 000 元的税款逾期未交，主管税务机关责令其于当年 3 月 31 日前缴纳，并按日加收滞纳税款 0.5‰的滞纳金。该企业于当年 5 月 10 日缴纳税款，则应缴纳滞纳金是（　　）元。

A. 470　　B. 560　　C. 1　　D. 300

9. 下列选项中，不属于纳税担保方式的是（　　）。

A. 纳税质押　　B. 税收保全　　C. 纳税保证　　D. 纳税抵押

10. 税务机关处理重大案件需要延长税收保全措施期限时，应当报（　　）批准。

A. 县税务局　　B. 市税务局　　C. 省税务局　　D. 国家税务总局

11. 税务机关采取税收保全措施的期限最长不得超过（　　）。

A. 3 个月　　B. 6 个月　　C. 1 年　　D. 3 年

12. 因纳税人、扣缴义务人计算错误等失误，未缴或者少缴税款，累计数额在 10 万元以上的，税务机关可以在（　　）内追征税款。

A. 6 个月　　B. 3 年　　C. 5 年　　D. 10 年

13. 根据税收征收管理法律制度的规定，下列选项中属于税收保全措施的是（　　）。

A. 书面通知纳税人开户银行从纳税人存款中扣缴税款

B. 扣押纳税人的价值相当于应纳税款的货物

C. 责令纳税人提供担保

D. 加收滞纳金

14. 主管税务机关确定甲公司最晚应于10月5日前缴纳税款200 000元，但该公司迟迟未缴纳。于是主管税务机关责令其于当年11月30日前缴纳，并按日加收滞纳税款0.5‰的滞纳金。该公司拖延至12月10日缴纳，则税务机关应依法加收该公司滞纳税款的滞纳金是（ ）元。

A. 5 600 B. 1 000 C. 3 000 D. 4 700

15. 某公司未缴纳税款和滞纳金共计150万元，其法定代表人需要出境参加重要会议，但未提供纳税担保，则税务机关可以采取的税款征收措施是（ ）。

A. 直接阻止该公司法定代表人出境

B. 书面通知该公司开户银行从其存款中扣缴税款

C. 通知出境管理机关阻止该公司法定代表人出境

D. 书面通知该公司开户银行冻结相当于应纳税款的存款

16. 根据税收征收管理法律制度的规定，税务机关采取税收保全措施和税收强制执行措施都需要经（ ）批准。

A. 省级税务局局长 B. 省级检察院院长

C. 省级人民法院院长 D. 县级以上税务局（分局）局长

17. 根据税收征收管理法律制度的规定，下列选项中属于税收强制执行措施的是（ ）。

A. 责令纳税人提供纳税担保

B. 书面通知纳税人开户银行从其存款中扣缴税款

C. 扣押、查封纳税人的价值相当于应纳税款的财产

D. 税务机关通知出境管理机关阻止纳税人出境

18. 下列关于税款的退还、补缴和追征的表述，正确的是（ ）。

A. 纳税人超过应纳税额缴纳的税款，税务机关发现后，应当自发现之日起15日内办理退还手续

B. 纳税人自结算缴纳税款之日起5年内发现多缴税款的，可以向税务机关要求退还多缴的税款并加算银行同期存款利息

C. 因纳税人、扣缴义务人计算错误等失误，未缴或者少缴税款的，税务机关在3年内可以追征税款、滞纳金；有特殊情况的，追征期可以延长到10年

D. 因税务机关的责任，致使纳税人、扣缴义务人未缴或者少缴税款的，税务机关在3年内可以要求纳税人、扣缴义务人补缴税款，但是不得加收滞纳金

19. 下列关于纳税申报方式的表述，不正确的是（ ）。

A. 邮寄申报以税务机关收到的日期为实际申报日期

B. 纳税人、扣缴义务人采取数据电文方式办理纳税申报的，应当按照税务机关规定的期限和要求保存有关资料，并定期书面报送税务机关

C. 实行定期定额缴纳税款的纳税人，可以实行简易申报、简并征期等方式申报纳税

D. 自行申报是指纳税人、扣缴义务人按照规定的期限自行到主管税务机关指定的办税服务场所办理纳税申报手续

20. 根据税收征收管理法律制度的规定，下列关于发票开具、使用和保管的表述，正确的是（ ）。

A. 销售货物开具发票时，可按付款方要求变更品名和金额

B. 经单位财务负责人批准后，可拆本使用发票

C. 已经开具的发票存根联保存期满后，开具发票的单位可直接销毁

D. 不符合规定的发票，不得作为财务报销凭证，任何单位和个人有权拒收

三、多项选择题

1. 根据税收征收管理法律制度的规定，需要办理税务登记的有（ ）。

A. 国有企业　　B. 国家财政局

C. 只缴纳个人所得税的自然人　　D. 残疾人开办的企业

2. 下列选项中，属于增值税发票的有（ ）。

A. 增值税专用发票　　B. 增值税电子普通发票

C. 海关进口增值税专用缴款书　　D. 税控机动车销售统一发票

3. 下列关于发票开具、使用和保管的表述，正确的有（ ）。

A. 不得为他人开具与实际经营业务不符的发票

B. 以其他凭证代替发票使用

C. 已经开具的发票存根联和发票登记簿应当保存5年

D. 开具发票的单位和个人应当建立发票使用登记制度，设置发票登记簿

4. 下列各项财务资料至少应当保存10年的有（ ）。

A. 发票　　B. 账簿　　C. 完税凭证　　D. 发票登记簿

5. 下列纳税申报方式符合法律规定的有（ ）。

A. 纳税人和扣缴义务人可以根据实际经营情况自行选择合适的纳税申报方式

B. 在法定税款征收期内，乙企业自行到办税服务厅办理相关纳税申报手续

C. 丙企业使用统一的纳税申报专用信封，通过邮局以交寄的方式进行纳税申报

D. 实行定期定额缴纳税款的丁纳税人，不可采用简易申报方式申报

6. 根据税收征收管理法律制度的规定，税务机关在税款征收中可以根据不同情况采取相应征收措施，下列选项中属于税款征收措施的有（ ）。

A. 罚款　　B. 核定应纳税额

C. 税收保全措施　　D. 责令提供纳税担保

7. 税务机关在核定应纳税额时，可以采用的核定方法有（ ）。

A. 按照营业收入核定

B. 按照成本加利润的方法核定

C. 按照耗用的原材料、燃料、动力等推算或者测算核定

D. 参照当地同类行业中经营规模和收入水平相近的纳税人的税负水平核定

8. 下列选项中，属于纳税担保范围的有（ ）。

A. 罚款　　B. 税款

C. 实现税款、滞纳金的费用　　　　　　D. 滞纳金

9. 下列选项中，属于税收保全措施的有（　　）。

A. 责令纳税人提供纳税担保

B. 扣押纳税人的价值相当于应纳税款的商品

C. 依法拍卖或者变卖其价值相当于应纳税款的商品

D. 书面通知纳税人开户银行冻结纳税人的金额相当于应纳税款的存款

10. 下列选项中，可以适用税收保全措施的财产有（　　）。

A. 豪华住宅

B. 古玩字画

C. 单价 5 000 元以下的其他生活用品

D. 个人及其所抚养家属维持生活必需的住房

四、判断题

1. 《中华人民共和国税收征收管理法》属于税收实体法。（　　）

2. 企业在外地设立的分支机构不需要办理税务登记。（　　）

3. 按规定享受免税优惠的企业，享受优惠期间不需要办理税务登记。（　　）

4. 税务机关是发票主管机关，负责发票的印制、领购、开具、使用、取得、保管、缴销等多方面的管理和监督。（　　）

5. 纳税人可以为他人、为自己开具与实际经营业务情况不符的发票。（　　）

6. 纳税人采用邮寄申报方式办理纳税申报的，其实际申报日期为税务机关收到申报资料的日期。（　　）

7. 适用于生产经营规模较小、产品零星、税源分散、会计账册不健全，但能控制原材料或进销货的小型厂矿和作坊的税款征收方式是查账征收。（　　）

8. 税务机关采取税收保全措施的期限最长不得超过 6 个月。（　　）

9. 纳税人经批准延期缴纳税款的，在批准的期限内不加收滞纳金。（　　）

10. 税务机关采取强制执行措施时，对纳税人未缴纳的滞纳金同时强制执行。（　　）

五、简答题

1. 简述发票的类型。

2. 发票的使用和保管中不允许有哪些行为？

3. 简述现阶段我国实行的税款征收方式及其适用范围。

4. 为确保税款征收的顺利进行，税务机关在税款征收中可以采取哪些措施？

5. 简述税收保全措施与税收强制执行措施的区别与联系。

六、分析题

1. 2023 年 5 月 3 日，某家电企业的会计在翻阅账簿时，发现 2022 年度因税率适用不当造成多缴税款 30 000 元。于是该企业向税务机关提出退还多缴的税款并加算银行同期存款利息的请求。请分析该企业的请求是否合理，简要说明理由。

2. 2023 年 8 月，税务机关通过调查发现某酒店的纳税申报表上有弄虚作假的情形，遂责令其在 8 月 29 日前缴纳本月应纳税款；8 月 26 日税务机关接到群众举报，称该酒店正在悄悄转移财产并扬言不会缴税。税务机关核实后，责令该酒店的负责人赵某提供纳税担保，但赵某拒不提供，随即税务机关书面通知该公司的开户银行从其存款中扣缴本月税款 5 000 元。请分析该税务机关的做法是否恰当，简要说明理由。

3. 明星李某因偷税漏税被税务机关追缴税款、滞纳金和罚款共计 800 万元，而李某宣称无力缴纳。后经税务机关调查发现，李某为了偷税漏税，故意安排了以下事项，且当事人均知情：将自己名下的一辆价值 150 万元的豪车，以 10 万元的价格卖给其弟弟李明；将自己名下的一套房产无偿赠送给女朋友范某；曾经借给王某的 60 万元已到清偿期限，但其怠于行使自己的债权。针对上述情况，税务机关可以行使哪些权利？